Andreas Ettl

Koch/Köchin

Schriftliche Abschlussprüfung Teil 2

Technologie und Gästeinformation

Best.-Nr. 2812
2. Auflage 2026

2. Auflage 2026 · ISBN 978-3-95532-812-2

Du hast Fragen, Anregungen oder Kritik zu diesem Produkt?
Das u-form Team steht dir gerne Rede und Antwort.

Einfach eine kurze E-Mail an: **feedback@u-form.de**

Sollte es für diese Auflage der Lernkarten Korrekturen geben, kannst du diese herunterladen unter:

www.u-form.de/addons/2812-2026.pdf

© u-form Verlag | Hermann Ullrich GmbH & Co. KG
Cronenberger Straße 58 | 42651 Solingen
Telefon: 0212 22207-0 | Telefax: 0212 22207-63
Internet: www.u-form.de | E-Mail: uform@u-form.de

Inhalt

Lernfelder		Karten-Nr.
LF10	Süßspeisen herstellen und präsentieren	1 – 57
LF11	Speiseeis und Backwaren herstellen und Desserts anrichten	58 – 94
LF12	Speisenangebot für Veranstaltungen gastorientiert planen	95 – 139
LF13	Büfetts mit Fisch und Meeresfrüchten herstellen und präsentieren	140 – 170
LF14	Eine Aktionswoche organisieren und betriebswirtschaftlich beurteilen	171 – 198

Hinweis:

Auf Lernkarten ist der Platz begrenzt. Auch wenn mehrheitlich von Kunden, Köchen, Gästen oder Mitarbeitern die Rede ist, sind stets alle möglichen Geschlechter gemeint.

Sollte es für diese Auflage der Lernkarten Aktualisierungen oder Änderungen geben, kannst du diese herunterladen unter:

www.u-form.de/addons/2812-2026.pdf

Ist der Link nicht verfügbar, so sind keine Änderungen eingestellt!

Lernfeld 10

Süßspeisen herstellen und präsentieren

Lernfeld 10 beinhaltet:

- Planung & Analyse
- Verarbeitung von Obst
- Milch und Milchprodukte
- Käse
- Herstellung von Süßspeisen, Saucen und Garnituren

Was ist in der Europäischen Union unter dem Begriff **„Milch“** als im Handel erhältliche Ware zu verstehen?

Darunter ist das durch Melken erhaltene Eutersekret von für die Milcherzeugung gehaltenen Kühen zu verstehen.

Einzig von Kühen erhaltene Milch darf im Handel als Milch bezeichnet werden.

Bei Milch anderer Tiere (z. B. Schafsmilch) muss zusätzlich die Tierart genannt werden.

Welche **Haltbarmachungsarten** bei Milch kennen Sie?

- Homogenisieren
- Ultra-Hoch-Erhitzen (UHT-Milch oder H-Milch)
- Pasteurisieren
- Sterilisieren
- Kondensieren

Was ist **homogenisierte** Milch?

Erläutern Sie kurz das Verfahren.

Beim Homogenisieren werden die in der Milch befindlichen Fettteilchen durch hohen Druck in gleich große Fettkügelchen zerkleinert. Dadurch wird ein „Aufrahmen“ stark verzögert bzw. verhindert (Fettstoff kann nicht mehr aufsteigen).

Pasteurisieren ist eine beliebte Haltbarmachung bei Milch ohne großen Geschmacksverlust.

a. Bei welchem Temperaturbereich wird die Milch pasteurisiert?

b. Für wie lange wird die Milch dabei erhitzt?

a. Die Milch wird auf 72 °C – 75 °C erhitzt.

b. Für 15 – 30 Sekunden

Nennen Sie die **Hauptbestandteile** der Milch.

Hauptbestandteile der Milch sind

- Wasser
- Kohlenhydrate (Milchzucker)
- Eiweiß
- Fett
- Mineralstoffe und Vitamine

Welche **Ersatzprodukte für Milch** können Sie neben laktosefreier Milch Ihren Gästen mit Laktose-Intoleranz anbieten?

Alternativen zu Milch sind Ersatzprodukte auf pflanzlicher Basis wie

- Sojadrink
- Haferdrink
- Drinks auf Nussbasis wie Mandel-, Haselnuss- oder Cashewdrink
- Drinks auf Getreidebasis wie Reis- oder Dinkeldrink
- Hanfdrink
- Kokosmilch

Von der Rohmilch zum fertigen Produkt:

Nennen Sie die **6 Hauptbereiche** bei der Verarbeitung von Milch und zu jedem Bereich 3 Beispiele.

Hauptbereich	Beispiele
Milcherzeugnisse	UHT-Milch, Längerfrische Milch, Kondensmilch
Sahneerzeugnisse	Saure Sahne, Sahne, Schmand, Creme fraiche, Kaffeesahne
Käse	Hartkäse, Rahmkäse, Weichkäse, Brühkäse
Sauermilcherzeugnisse	Joghurt, Quark, Kefir, Dickmilch
Buttererzeugnisse	Sauerrahmbutter, Süßrahmbutter, Butterschmalz
Milch- und Molkepulver	Molkepulver, Milchpulver, Magermilchpulver

Längerfrische Milch wird auch als **ESL-Milch** bezeichnet.

Was bedeutet diese Bezeichnung?

ESL = extended shelf life

Wörtlich übersetzt = Erweitertes (verlängertes) Regal-Leben

In welche **4 Bereiche** wird Käse unterteilt?

Unterteilung nach

- der **Herkunft** der Milch – z. B. Schafskäse
- dem **Wassergehalt** – z. B. Weichkäse
- den **Kulturen** – z. B. Blauschimmelkäse
- dem **Fettgehalt** – z. B. Halbfettstufe

Nennen Sie die **8 Fettstufen**, in die Käse unterteilt wird, und die dazugehörige prozentuale Angabe des „Fett i. Tr.“.

Doppelrahmstufe	60 – 87 % Fett i. Tr.
Rahmstufe	mind. 50 % Fett i. Tr.
Vollfettstufe	mind. 45 % Fett i. Tr.
Fettstufe	mind. 40 % Fett i. Tr.
Dreiviertelfettstufe	mind. 30 % Fett i. Tr.
Halbfettstufe	mind. 20 % Fett i. Tr.
Viertelfettstufe	mind. 10 % Fett i. Tr.
Magerfettstufe	weniger als 10 % Fett i. Tr.

Nennen Sie zu jeder **Käsesorte** ein Beispiel.

- Frischkäse
- Weichkäse
- Sauermilchkäse
- Halbfester Schnittkäse
- Schnittkäse
- Hartkäse

Käsesorte	Beispiele
Frischkäse	Quark, Ricotta, Mascarpone
Weichkäse	Camembert, Brie
Sauermilchkäse	Harzer Rolle, Korbkäse, Tiroler Graukäse
Halbfester Schnittkäse	Bel Paese, Esrom, Tête de Moine
Schnittkäse	Appenzeller, Tilsiter, Morbier
Hartkäse	Parmesan, Greyerzer, Sbrinz

Was bedeutet bei Käse die Bezeichnung „**Fett i. Tr.**“?

Erläutern Sie kurz, was damit gemeint ist.

„Fett i. Tr.“ steht für **Fett in der Trockenmasse**.

Die Trockenmasse ist die Masse des Käses nach Abzug des im Käse befindlichen Wasseranteils.

In dieser Trockenmasse wird der Fettanteil für das bessere Verständnis in Prozent angegeben.
Z. B. enthält Käse der **Vollfettstufe** mindestens 45 % Fett i. Tr.

Auf Käseverpackungen finden sich oft Abkürzungen wie

- **DOP**
- **PDO**
- **AOC**

Welche Informationen geben diese Abkürzungen über den Käse oder das Produkt?

Die Abkürzungen stehen für eine **geschützte Ursprungsbezeichnung** des Produktes.
Es besagt, dass dieses Produkt aus einem bestimmten geographischen Gebiet stammt und bestimmten Herstellungsverfahren unterliegt.

DOP = steht für Produkte aus Italien, Portugal und Spanien

PDO = steht für Produkte aus Großbritannien

AOC = steht für französische Produkte (auch AOP)

Der **Roquefort** als einer der bekanntesten Blauschimmelkäse

a. stammt aus welchem Land?

b. stammt aus welcher Region dieses Landes?

c. wird aus welcher Milch hergestellt?

Der Roquefort stammt

a. aus Frankreich
b. aus der Region Languedoc-Roussillon-Midi-Pyrénées
c. und wird aus Schafsmilch hergestellt.

Der **Mozzarella** gehört zu welcher Art von Käse?

Der Mozzarella gehört zu den **Brühkäsen**.

Käse, der nach den Kulturen eingeteilt wird, unterliegt zwei Herstellungsverfahren.

a. Nennen Sie die beiden **Herstellungsverfahren**.

b. Nennen Sie **2 passende Kulturen** je Herstellungsverfahren.

a. Herstellung mit Schimmelpilzen oder Herstellung mit Bakterien.
b. Herstellung mit Weiß- oder Blauschimmelpilzen oder Herstellung mit Milchsäure- oder Rotschmierbakterien

Erläutern Sie kurz die Herstellung von **Schmelzkäse**.

Schmelzkäse wird aus verschiedenen Käsesorten mit Wärmebehandlung unter Zugabe von Wasser und Schmelzsalzen hergestellt.

Was ist unter dem Begriff **Lab** zu verstehen, und wofür wird es in Verbindung mit Käse verwendet?

Lab ist eine enzymhaltige Flüssigkeit, die aus dem Labmagen junger Wiederkäuer gewonnen wird. Es wird zum Dicklegen (die Milch gerinnt) bei der Herstellung von Käse verwendet.

Bringen Sie die Arbeitsschritte bei der **Herstellung von Käse** in die richtige Reihenfolge.

- Käsereifung
- Milch dicklegen
- Käsebruch formen und pressen
- Untersuchung der Milch auf bakterielle Verunreinigung
- Fettgehalt der Milch einstellen
- Pasteurisierung oder Hocherhitzung der Milch
- Käsebruch herstellen

1. Untersuchung der Milch auf bakterielle Verunreinigung
2. Fettgehalt der Milch einstellen
3. Pasteurisierung oder Hocherhitzung der Milch
4. Milch dicklegen
5. Käsebruch herstellen
6. Käsebruch formen und pressen
7. Käsereifung

Wie entstehen die **Löcher** im Emmentaler?

Durch Zugabe von Milchsäurebakterien (Propionsäurebakterien) in die Milch.

Beim Abbau des Milchzuckers durch die Bakterien wird unter anderem CO_2 erzeugt, das durch die Rindenbildung des Käses nicht entweichen kann und darum im Käse Hohlräume bildet.

Welche der untenstehenden **Käsegruppen** enthält nur Rotschmierkäse?

- Camembert, Livarot, Emmentaler
- Gorgonzola, Bel Paese, Brie
- Chaumes, Munster, Reblochon
- Cheddar, Chester, Feta
- Ricotta, Mozzarella, Harzer

Bei **Chaumes, Munster, Reblochon** handelt es sich ausschließlich um Rotschmierkäse-Sorten.

Ordnen Sie die Käsesorten den entsprechenden Herkunftsländern zu.

Käse

- Roquefort
- Ibérico
- Sbrinz
- Manchego
- Bavaria Blu
- Maasdamer
- Parmesan
- Gouda
- Picandou
- Pecorino
- Emmentaler
- Harzer Rolle

Länder

- Niederlande
- Schweiz
- Spanien
- Italien
- Frankreich
- Deutschland

Niederlande:	Gouda, Maasdamer
Schweiz:	Sbrinz, Emmentaler
Spanien:	Manchego, Ibérico
Italien:	Pecorino, Parmesan
Frankreich:	Picandou, Roquefort
Deutschland:	Harzer Rolle, Bavaria Blu

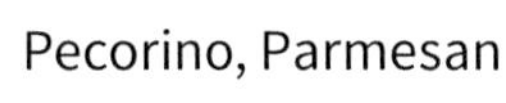
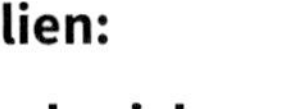

Konstante Temperatur und Luftfeuchtigkeit sind wichtige Kriterien bei der **Käselagerung**.

Bei welcher Temperatur und bei wie viel Prozent Luftfeuchtigkeit wird Käse idealerweise gelagert?

Idealerweise wird Käse bei +5 °C und bei einer Luftfeuchtigkeit von 80 – 90 % gelagert.

Was versteht man unter dem Begriff „**Käseuhr**"?

Die „Käseuhr“ kommt beim Anrichten von Käsetellern oder Käseplatten zum Einsatz.

Hierbei handelt es sich um kein echtes Hilfsmittel, sondern um ein Gedankenbild.

Dabei wird der Käse wie auf einer Uhr im Uhrzeigersinn angefangen bei 6:00 Uhr von milden Käsesorten bis zu kräftig-würzigen Käsesorten angerichtet und bezeichnet auch die Reihenfolge, nach der der Käse verspeist werden soll. Dadurch soll vermieden werden, dass kräftige Käsesorten zuerst verzehrt werden und damit das feine Käsearoma von milden Sorten überdecken.

Das „**Pikieren**" ist ein wichtiger Arbeitsschritt bei der Herstellung von Blauschimmelkäsen.

Was ist damit gemeint? Erläutern Sie kurz den Begriff und den damit verwendeten Arbeitsschritt.

Pikieren bezeichnet das Durchlöchern des Käselaibes mit feinen Nadeln, um Luftkanäle zu erzeugen. Durch diese gelangt Sauerstoff an die Schimmelpilze, den diese zum Leben und Vermehren benötigen.

Durch welchen Vorgang erhalten bestimmte Käsesorten während der Reifung ihre so genannte **Rotschmierrinde**?

Bestimmte Käsesorten werden während des Reifevorganges regelmäßig mit einer Flüssigkeit wie Salzwasser, Bier oder Wein, die die so genannten Rotschmierbakterien enthält, gebürstet, besprüht oder beschmiert.

Dadurch wird der Käse mit den Bakterien besiedelt, und es entwickelt sich die rötliche, leicht schmierende Rinde des Käses.

In welche **Fettstufen** werden **Joghurt und Quark** eingeteilt?

Fettstufen des Joghurts

- Magerjoghurt – 0,1 – max. 0,5 % Fett
- Fettarmer Joghurt – 1,5 – 1,8 % Fett
- Joghurt – mindestens 3,5 % Fett
- Sahnejoghurt – mindestens 10 % Fett

Fettstufen des Quarks

- Magerquark – unter 10 % Fett
- Halbfettstufe – 20 % Fett
- Fettstufe – 40 % Fett

Erläutern Sie kurz, um was es sich bei **Joghurt** handelt.

Bei Joghurt handelt es sich um mit Hilfe von Milchsäurebakterien dickgelegte Milch in verschiedenen Fettstufen.

Welcher Joghurt wird auch als **griechischer bzw. türkischer Joghurt** bezeichnet?

Sahnejoghurt mit einem Fettgehalt von 10 % Fett und mehr wird oft auch als griechischer oder türkischer Joghurt bezeichnet.

Welche Produkte, die zu den **Milchmischerzeugnissen** gehören, kennen Sie?

Nennen Sie 4 Beispiele!

z. B.

- Milchmischgetränke aus Milch wie Bananen- oder Erdbeermilch
- Milchmischgetränke aus Molke
- Fruchtjoghurts
- Trinkjoghurts
- Buttermilchgetränke mit Frucht
- Kefirgetränke mit Frucht

Welche Funktion hat das Eigelb bei der Herstellung einer **Zabaione**?

Das Eigelb fungiert als Bindemittel.

Welche drei Arten der **Bindung bei Cremedesserts** kennen Sie?

Nennen Sie zu jeder Bindeart ein Beispiel.

1. Bindung durch **Gelatine**,
   Beispiel: Bayerische Creme
2. Bindung durch **Pochieren** der Masse,
   Beispiel: Crème Brûlée
3. Bindung durch **Stärke** oder Cremepulver
   (bei gekochten Cremes),
   Beispiel: Pudding

Welche Zutaten werden für die Herstellung einer **Bayerischen Creme** benötigt?

Milch, Zucker, Vanilleschote, Eigelb, Gelatine und geschlagene Sahne

Erläutern Sie stichpunktartig die Herstellung der Bayerischen Creme.

- Gelatine einweichen
- Milch und Vanille aufkochen
- Eigelb und Zucker schaumig rühren
- Kochende Milch schnell zu den Eiern rühren
- Zur Rose abziehen
- Gelatine zur Masse geben
- Kalt rühren
- Geschlagene Sahne unterheben und abfüllen

Eine der bekanntesten Zubereitungsarten von feinen Pfannkuchen ist **Crêpe Suzette**.

Erläutern Sie kurz dieses klassische Dessert.

Dünne feine Pfannkuchen (Crêpes) herstellen.

Aus Zucker, Butter, Orangensaft und Grand Marnier eine Sauce herstellen.

Pfannkuchen in die Sauce geben und darin erwärmen.

Mit Cognac übergießen und kurz flambieren.

Welche **Grundcreme** ist im Bereich Patisserie als Basiscreme zum Ableiten nicht wegzudenken?

Die **Konditor-Creme** oder auch **Crème pâtissière** genannte Creme dient zum Ableiten für etliche Verwendungszwecke in der Patisserie.

Aus welchem Teig werden die Teigstangen für **Eclairs** hergestellt?

Die Teigstangen, die als Eclairs bezeichnet werden, werden aus **Brandteig** hergestellt.

Was ist unter einer **Sabayon** zu verstehen?

Sabayon ist ein französisches Ei-Schaumdessert ähnlich der italienische Zabaione. Der Unterschied liegt im verwendeten Alkohol. Bei der französischen Variante wird Weißwein verwendet, bei der italienischen in der Regel Marsala.

Bringen Sie die Arbeitsschritte zur **Herstellung einer Melonenkaltschale** in die richtige Reihenfolge.

a. Melonen-Kaltschale garnieren und servieren
b. Restliches Fruchtfleisch mit Läuterzucker pürieren
c. Melone halbieren und entkernen
d. Melonen-Kaltschale umfüllen und Perlen als Einlage zugeben
e. Melone schälen und Perlen als Einlage ausstechen
f. Melonen-Kaltschale bis kurz vor dem Servieren kalt stellen

Die richtige Reihenfolge lautet c, e, b, f, d, a.

1. Melone halbieren und entkernen
2. Melone schälen und Perlen als Einlage ausstechen
3. Restliches Fruchtfleisch mit Läuterzucker pürieren
4. Melonen-Kaltschale bis kurz vor dem Servieren kalt stellen
5. Melonen-Kaltschale umfüllen und Perlen als Einlage zugeben
6. Melonen-Kaltschale garnieren und servieren

Durch welche Zutat werden im klassischen Sinne **Flammeris** gebunden?

Nennen Sie ein Beispiel-Dessert, welches zu den Flammeris zählt.

Bei der klassischen Herstellung von Flammeris werden **quellfähige Getreideprodukte** zum Binden durch Kochen verwendet. Je nach Art der Zubereitung und des Getreideproduktes kommt noch ein wenig **Gelatine** als Hilfsmittel zum Einsatz.

Beispiele sind Grießflammeri oder Reis Trauttmannsdorff.

Um welche Art von Dessert handelt es sich bei einer **„Erdbeer-Charlotte“**?

Eine Charlotte ist eine **mit Biskuit ummantelte Creme**. Hierzu wird eine bestimmte Form (Portionsgröße fürs À-la-carte-Geschäft oder Schüsselformen für den Bankettbereich) mit Biskuit (Löffelbiskuit oder flach gebackener, mit Konfitüre bestrichener, gerollter und in Scheiben geschnittener Biskuit) ausgelegt und mit einer Creme gefüllt. Nach dem Erkalten der Creme wird sie gestürzt, sodass sich der Biskuit außen befindet, und garniert.

a. Welche Zutaten benötigt man zur Herstellung einer **Vanillesoße**?

b. Erklären Sie stichpunktartig die Herstellung.

a. **Zutaten**: Milch, Eigelbe, Zucker, Vanille.

b. **Herstellung**:

   - Milch und Vanille aufkochen
   - Zucker und Eigelb verrühren
   - Kochende Milch schnell zu den Eiern rühren
   - Zur Rose abziehen (oder bis zur gewünschten Konsistenz)

Welche **Hauptfunktion** haben die **Eigelbe** bei der Herstellung einer Vanillesoße?

Hauptfunktion der Eigelbe ist die **Bindung** der Soße.

Nebeneffekte sind **Farbe** der Soße und **Geschmack**.

Was ist **„Pfirsich Melba“**?

Bei Pfirsich Melba handelt es sich um einen **Eisbecher** mit pochiertem halbiertem Pfirsich, Vanilleeis und Himbeersauce.

Bei der Herstellung von **Milchreis** wird in der Regel welche **Reissorte** verwendet?

Rundkornreis

Erklären Sie stichpunktartig die **Herstellung eines Fruchttartelettes**.

1. Tartelettesform mit Mürbteig auslegen und backen
2. Mürbteig auskühlen lassen und mit flüssiger Schokolade dünn bestreichen
3. Tartelettes halb mit z. B. Crème pâtissière füllen
4. Verschiedene klein geschnittene Obstsorten auf der Creme nett arrangieren
5. Mit Tortenguß leicht überziehen

a. Was versteht man unter einem **Espuma**?

b. Erläutern Sie kurz die Herstellung.

a. Espuma ist ein **Schaum mit unterschiedlichen Geschmacksrichtungen**.

b. Hierbei werden flüssige Lebensmittel unterschiedlicher Geschmacksrichtungen mit einem Sahnesiphon und Gas aufgeschäumt.

Was ist unter einem **gedeckten Apfelkuchen** zu verstehen?

Ein gedeckter Apfelkuchen ist ein Apfelkuchen, der mit einer Teigschicht geschlossen (bedeckt) und dann erst gebacken wird.

Worum handelt es sich bei einem **Gugelhupf**?

Meist handelt es sich bei einem Gugelhupf um einen Kuchen, der in einer bestimmten Backform, der Gugelhupfform, gebacken wird. Es gibt aber auch Varianten mit Cremes, Mousse oder Eis, die in diese spezielle Form abgefüllt und anschließend gestürzt werden.

Erklären Sie stichpunktartig die Herstellung eines **Tiramisu**.

Kurz getränkte Löffelbiskuits (mit kaltem Espresso, Kaffee oder Likören) in eine Form legen, eine Creme aus Eiern, Zucker, Mascarpone und Amaretto herstellen und die Löffelbiskuits damit bedecken. Erneute Schicht aus Löffelbiskuits und Creme darauf geben und kalt stellen. Vor dem Servieren mit Kakaopulver bestreuen.

Worin liegt der Unterschied zwischen **Marzipan** und **Persipan**?

Persipan ist eine marzipanähnliche Masse, die (im Gegensatz zu Marzipan, für das Mandeln verwendet werden) aus Pfirsich- oder Aprikosenkernen hergestellt wird und deshalb eine günstige Alternative zu Marzipan ist.

Bringen Sie die Arbeitsschritte zur Herstellung einer klassischen **Mousse au chocolat** in die richtige Reihenfolge.

(Zutaten: Eigelb, Eiweiß, Zucker, dunkle Kuvertüre, Sahne)

- Eischnee unterheben
- Eigelb und Zucker schaumig schlagen
- Schokolade schmelzen
- Masse mindestens 2 Stunden kalt stellen
- Schokolade und Sahne nach und nach unter die Eiermasse rühren

Zubereitung:

1. Eigelb und Zucker schaumig schlagen
2. Schokolade schmelzen
3. Schokolade und Sahne nach und nach unter die Eiermasse rühren
4. Eischnee unterheben
5. Masse mindestens 2 Stunden kalt stellen

Welche der aufgeführten **Wildfrüchte** sollten nur in verarbeiteter Form (gekocht/gegart) verzehrt werden?

- Schlehe
- Mispel
- Quitte
- Sanddorn
- Eberesche
- Holunder
- Kornelkirsche
- Felsenbirne

Folgende Früchte sind roh unverträglich und sollten vor dem Verzehr verarbeitet (gegart/gekocht) werden:

- Schlehe
- Quitte
- Eberesche (Vogelbeeren)

Welche **Angebotsformen von Früchten** sind Ihnen aus dem Handel bekannt?

Früchte werden in folgenden Formen im Handel angeboten:

- als frische Ware
- als Tiefkühlware
- als Trockenfrüchte
- als Convenience-Produkte

Welche beiden **Verarbeitungsmöglichkeiten** haben Sie, um Ihren Gästen **Nachspeisen aus Obst** anbieten zu können?

Nachspeisen aus Obst können in **roher** Form als frische Frucht oder Früchte, z. B Obstsalat, und in **gegarter** Form, z. B. pochierter Pfirsich (Pfirsich Melba), angeboten werden.

Erläutern Sie stichpunktartig die Unterschiede zwischen Crème Brûlée und Crema Catalana.

Die **Crème Brûlée** wird meist mit Sahne, Ei, Zucker und Vanille hergestellt. Die Creme wird im Ofen im Wasserbad pochiert.

Die **Crema Catalana** wird aus Milch, Ei, Zucker, Zimt, Zitrone und Stärke hergestellt. Sie wird im Topf auf dem Ofen erhitzt bis sie bindet.

Beide Cremes werden kurz vor dem Servieren mit Zucker karamellisiert.

1. Wie nennt man die Haltbarmachung von Milch bei Erhitzung auf 72 °C – 75 °C für 15 – 30 Sekunden?
2. Was ist ESL-Milch?
3. Wieviel Prozent Fett i. Tr. hat Käse der Doppelrahmstufe?
4. Roquefort Käse stammt aus welchem Land?
5. Wieviel Prozent Fett muss Sahnejoghurt mindestens haben?
6. Was ist Crêpe Suzette?
7. Welche Funktion haben die Eigelbe bei der Herstellung einer Sabayon?
8. Milchreis wird aus welcher Reissorte hergestellt?
9. Was für ein Dessert ist Pfirsich Melba?
10. Der Löffelbiskuit im Tiramisu wird mit welcher Flüssigkeit getränkt?

1. Pasteurisieren
2. Bei ESL-Milch handelt es sich um länger frische Milch (extended shelf life)
3. Käse der Doppelrahmstufe hat zwischen 60 % – 87 % Fett i. Tr.
4. Roquefort stammt aus Frankreich
5. Mindestens 10 %
6. Crêpe Suzette ist ein aus Frankreich stammendes Dessert aus dünnen Pfannkuchen in Orangensauce
7. Sie sorgen für die Bindung
8. Aus Rundkornreis
9. Pfirsich Melba ist ein Eisbecher mit Vanilleeis, Himbeersauce und pochiertem Pfirsich
10. Löffelbiskuit wird je nach Rezept kurz in kaltem Espresso, kaltem Kaffee und/oder in Likören getränkt.

Lernfeld 11

Speiseeis und Backwaren herstellen und Desserts anrichten

Lernfeld 11 beinhaltet:

- Speiseeis & Zubereitung
- Teige & Masse
- Backwaren
- Herstellung von Speiseeis & Süßspeisen
- Käse als Dessert

Es soll ein **1-2-3 Mürbteig** hergestellt werden.

a. Aus welchen Zutaten wird er hergestellt?

b. In welchem Verhältnis setzen sich die Zutaten zusammen?

a. Mehl, Zucker, Butter
b. 1 Teil Zucker, 2 Teile Butter, 3 Teile Mehl

Bei der Herstellung eines Mürbteiges ist etwas schief gegangen, und der Teig ist **„brandig“**.

a. Was ist bei brandigem Mürbteig passiert?

b. Erläutern Sie kurz, wie es dazu kommen kann.

a. Bei „brandigem“ Mürbteig ist die Bindekraft des Mehls herabgesetzt oder gänzlich zerstört.

b. Wenn die Butter bei der Herstellung zu warm ist oder der Teig zu lange verarbeitet wird und sich dabei erwärmt, kann der Teig „brandig“ werden.

Von der Verarbeitung eines brandigen Mürbteiges ist abzuraten.

Warum?

„Brandigem" Mürbteig **fehlt die Bindekraft** des Mehls. Von einem Weiterverarbeiten ist abzuraten, da er meist schon beim Ausrollen reißt und das Gebäck nach dem Backen keine Bindung hat und zerfällt.

Blätterteig wird bei der Herstellung oft ausgerollt und wieder zusammengelegt. Man nennt diesen Vorgang **„tourieren"**.

a. Wie oft wird Blätterteig bei der Herstellung touriert?

b. Wie wird der Teig beim Tourieren gefaltet?

a. Blätterteig wird 4-mal touriert.
b. Gefaltet werden abwechselnd zwei einfache und zwei doppelte Touren.

Wie viele **Schichten** entstehen beim Tourieren von Blätterteig?

Beim Tourieren von Blätterteig entstehen **144 Schichten**.

Welche **3 Blätterteigarten** kennen Sie?

1. Deutscher Blätterteig
2. Französischer Blätterteig
3. Holländischer Blätterteig (auch Blitzblätterteig)

Erläutern Sie kurz die Unterschiede der unterschiedlichen Blätterteigarten.

Beim **Deutschen Blätterteig** wird der Fettstoff in den Teig geschlagen und dann touriert.
⇨ Der Fettstoff ist **im** Teig.

Beim **Französischen Blätterteig** wird der Fettstoff um den Teig geschlagen und dann touriert.
⇨ Der Fettstoff ist **außen**.

Beim **Holländischen Blätterteig** wird der Fettstoff in **kleine Würfel** geschnitten und dann kurz unter den Teig gearbeitet.

Welche 3 Arten der **Teiglockerung** kennen Sie?

- die **physikalische** Teiglockerung
- die **biologische** Teiglockerung
- die **chemische** Teiglockerung

Nennen Sie zu jeder Art der Teiglockerung ein **Teigbeispiel** und das jeweilige **Triebmittel**.

Beispiele für die

physikalische Teiglockerung – Biskuitmasse, Triebmittel: eingeschlagene Luft

biologische Teiglockerung – Hefeteig, Triebmittel: Hefe

chemische Teiglockerung – Lebkuchen, Triebmittel: Hirschhornsalz

a. Welche Art der Teiglockerung wirkt beim Blätterteig?

b. Wodurch entsteht die Teiglockerung beim Blätterteig?

a. physikalische Teiglockerung
b. durch den beim Backen entstehenden Wasserdampf

Welcher Teig wird zur Herstellung eines **Savarins** benötigt?

Zur Herstellung eines Savarins wird ein **Hefeteig** benötigt.

Beschreiben Sie kurz die Herstellung eines Savarins.

Herstellung eines Savarins:

1. Hefeteig herstellen
2. Teig in gebutterte und mehlierte Savarinform füllen
3. Teig kurz gehen lassen
4. Savarin backen
5. Nach dem Backen aus der Form nehmen und in Läuterzucker tränken
6. Evtl. noch aprikotieren und anrichten

Zur Herstellung von Windbeuteln benötigen Sie einen **Brandteig**.

Erläutern Sie kurz die Herstellung.

Herstellung eines Brandteiges:

1. Milch, Salz und Butter zum Kochen bringen
2. Mehl einrühren und Masse im Topf „abbrennen“
3. Masse leicht abkühlen lassen
4. Eier nach und nach in die noch warme Masse geben und jeweils unterarbeiten

Bei der Herstellung von Hefeteig gibt es zwei Methoden. Die **direkte Teigführung** und die **indirekte Teigführung**.

Erläutern Sie kurz die Unterschiede.

Bei der **direkten Teigführung** werden **alle Zutaten** direkt zu einem Teig verarbeitet. Dabei ist ein erhöhter Anteil an Hefe notwendig.

Bei der **indirekten Teigführung** wird zuerst ein **Vorteig** hergestellt, um der Hefe die Möglichkeit zu geben, sich zu vermehren. Bei diesem Teig ist die Zugabe der Hefe in geringeren Mengen möglich.

Welcher Teig wird zur Herstellung einer **Brioche** benötigt?

Zur Herstellung einer Brioche benötigt man einen **Hefeteig**.

Auf der Speisekarte sind „Königinpasteten mit Ragout fin“ zu finden.

Aus welchem Teig werden die Pasteten gebacken?

Königinpasteten werden aus **Blätterteig** hergestellt.

Was ist eine **Wiener Masse** und wofür wird sie verwendet?

Bei der Wiener Masse handelt es sich um eine bestimmt Art von **Biskuitmasse**, aus der Tortenböden gebacken werden.

Erläutern Sie kurz den Unterschied zwischen einer **Biskuitmasse** und einer **Wiener Masse**.

Die Biskuitmasse wird aus Ei, Zucker und Mehl hergestellt.

Bei der Wiener Masse wird zusätzlich noch flüssiger Fettstoff untergearbeitet.

Welche Teiglockerung wirkt bei der Wiener Masse?

Bei der Wiener Masse wirkt eingeschlagene Luft, also die **physikalische** Teiglockerung.

a. Welche Art von Masse wird zur Herstellung von **Meringen** benötigt?

b. Nennen Sie die Zutaten dieser Masse.

a. Für die Herstellung von Meringen wird eine **Baisermasse** benötigt.

b. Die Zutaten sind Eiweiß und Zucker.

Apfelküchlein mit Vanillesoße ist eine beliebte Süßspeise, die oft auf Speisekarten zu finden ist.

Aus welchem Teig werden die Apfelküchlein hergestellt?

Bei Apfelküchlein handelt es sich um gebackene Apfelringe.

Sie werden in einem **Backteig** gebacken.

Erklären Sie die Unterschiede zwischen **Teigen** und **Massen**.

Teige werden in der Regel durch Kneten hergestellt und weisen eine eher feste Konsistenz auf, die ein Formen per Hand oder das Ausrollen erlauben.

Massen werden in der Regel durch Rühren oder Aufschlagen hergestellt und weisen eine eher schaumige, weiche Konsistenz auf, die durch Backen in Formen oder durch das Aufspritzen auf Bleche mit anschließendem Backen fertig gestellt werden.

Nennen Sie **je 3 Beispiele** für Teige und Massen.

Teige

- Blätterteig
- Hefeteig
- Mürbteig
- Plunderteig

Massen

- Biskuitmasse
- Wiener Masse
- Baisermasse
- Brandmasse

Es gibt zwei Möglichkeiten zur Herstellung einer **Hippenmasse**.

Erläutern Sie kurz beide Verfahren.

1. Herstellung einer **echten Hippenmasse**

   Bei der Hippenmasse bzw. echten Hippenmasse wird zur Herstellung **Marzipanrohmasse** verwendet. Hier kommen Marzipanrohmasse, Puderzucker, Mehl, Ei oder Eiweiß und Milch oder Sahne zum Einsatz.

oder

2. Herstellung einer **Ei-Hippenmasse** (**falsche Hippenmasse**)

   Bei der falschen bzw. Ei-Hippenmasse kommen nur Mehl, Puderzucker und **Ei** zur Verwendung. (Abwandlungen können auch noch mit Fettstoff und/oder Milch sein.)

Welche Zutaten werden zur Herstellung eines **Strudelteiges** benötigt?

Für einen Strudelteig werden Mehl, Wasser, Öl und Ei benötigt.

a. Aus welchem Teig werden **Profiteroles** hergestellt?

b. Wie werden sie noch bezeichnet?

a. Profiteroles werden aus **Brandteig** hergestellt.
b. Profiteroles werden auch als **Windbeutel** bezeichnet.

Welcher Teig kommt bei der Herstellung von Buchteln, Germknödeln oder Dampfnudeln zum Einsatz?

Bei der Herstellung dieser Süßspeisen wird **Hefeteig** verwendet.

Ordnen Sie die Vorgaben der „Leitsätze für Speiseeis" (Speiseeis-Verordnung) den entsprechenden Eissorten zu.

Eissorte

- Rahmeis/Sahneeis
- Cremeeis/Kremeis
- Milcheis
- Eiscreme/Eiskrem

Vorgaben der Speiseeisverordnung

- Herstellung aus mind. 70 % Milch mit 3,5 % Fett
- Muss mind. 18 % Milchfett, aus der Sahne die bei der Herstellung verwendet wird, enthalten
- Herstellung aus mind. 50 % Milch (Wasserzusatz ist nicht erlaubt)
- Muss mind. 10 % Milchfett enthalten

Richtige Zuordnung:

Rahmeis/Sahneeis	Muss mind. 18 % Milchfett, aus der Sahne die bei der Herstellung verwendet wird, enthalten
Cremeeis/Kremeis	Herstellung aus mind. 50 % Milch (Wasserzusatz ist nicht erlaubt)
Milcheis	Herstellung aus mind. 70 % Milch mit 3,5 % Fett
Eiscreme/Eiskrem	Muss mind. 10 % Milchfett enthalten

Eis wird nach den Leitsätzen für Speiseeis in **8 Eissorten** unterteilt.

Nennen Sie diese.

1. Kremeis
2. Rahmeis/Sahneeis
3. Milcheis
4. Eiskrem
5. Fruchteis
6. Fruchteiskrem
7. Sorbet (Fruchtsorbet)
8. Wassereis

Erklären Sie kurz die Unterschiede von **Frucht-eiscreme** und **Fruchtsorbet**.

Bei der **Fruchteiscreme** ist ein Anteil von mindestens 8 % Milchfett vorgeschrieben. Das Eis muss einen eindeutigen Fruchtgeschmack aufweisen.

Beim **Fruchtsorbet** dürfen keine Milch oder Milchbestandteile zur Herstellung verwendet werden. Der Fruchtanteil muss mindestens 25 % (bei Zitrusfrüchten mind. 15 %) betragen.

Was ist unter einem **Granité** zu verstehen?

Ein **Granité** ist ein Sorbet-ähnliches Eisdessert. Hier werden Fruchtsäfte evtl. mit Läuterzucker abgeschmeckt und unter wiederholtem Rühren gefroren. Durch das wiederholte Rühren entsteht eine leicht körnige Konsistenz.

Bei der Sorbet-Herstellung fällt öfter der Begriff „**Grad Baumé**“.

Was ist darunter zu verstehen?

„Grad Baumé“ bezeichnet die **Zuckerdichte** von Flüssigkeiten, die zur Herstellung von Sorbets verwendet werden. Hierbei wird die hergestellte Flüssigkeit mittels einer Zuckerwaage auf die Zuckerdichte (Zuckergehalt) gemessen.

Die Einteilung dieser Zuckerwaage ist nach Grad Baumé. Der optimale Grad Baumé liegt für Sorbets in der Regel bei 15 °Bé, kann aber je nach Art der verwendeten Frucht auch höher oder niedriger sein.

Welche **Hauptzutat** ist laut Speiseeisverordnung für **Parfaits**, neben Eigelb und Zucker, zwingend erforderlich?

Parfait muss aus **Sahne** hergestellt sein. Es darf keine Milch oder Milch-Sahnegemisch enthalten.

Fürst-Pückler-Eis ist eine klassische Eisspezialität, die meist in Form einer Eisbombe oder in Riegelform angeboten wird.

a. Aus welchen drei Geschmacksrichtungen wird das Eis traditionell hergestellt?

b. Welche Eissorte ist bei der Herstellung verpflichtend?

a. Die Geschmacksrichtungen sind Erdbeere, Vanille und Schokolade

b. Rahmeis/Sahneeis

Erklären Sie stichpunktartig den Unterschied zwischen einem Hefeteig und einem Hefefeinteig.

Hefeteig ist die Basis (Grundrezept) für einen Teig, der mit Hilfe von Hefe gelockert wird. Er besteht aus Mehl, wenig Zucker, Salz, Hefe, warmer Milch oder Wasser.

Hefefeinteig ist eine Unterart des Hefeteiges, der durch Zugabe eines Fettstoff und/oder einen höheren Anteil an Zucker von einem Hefeteig zu einem Hefefeinteig wird.

In welche **3 Kategorien** werden Hefefeinteige eingeteilt?

Leichter Hefefeinteig mit kleinem Fett- oder Zuckeranteil

Mittelschwerer Hefefeinteig mit mäßigem Fett- oder Zuckeranteil

Schwerer Hefefeinteig mit hohem Fett- oder Zuckeranteil

1. Was ist tourieren?
2. Wie viele Schichten hat ein Blätterteig?
3. Nennen Sie die 3 Arten der Teiglockerung.
4. Aus welchem Teig werden Windbeutel hergestellt?
5. Was ist eine Wiener Masse?
6. Aus welchen Zutaten wird eine Baisermasse hergestellt?
7. Was ist die Hauptzutat einer echten Hippenmasse?
8. Wieviel Prozent Milch muss Milcheis enthalten?
9. Was ist unter der „Zuckerdichte“ zu verstehen?
10. In wie viele Sorten wird Speiseeis unterteilt?

1. Tourieren ist der Fachbegriff für das Ausrollen und Falten von Blätterteig.
2. 144 Schichten
3. Die 3 Arten der Teiglockerung sind die physikalische, biologische und chemische Teiglockerung.
4. Windbeutel werden aus einem Brandteig hergestellt.
5. Eine Wiener Masse ist eine spezielle Biskuitmasse.
6. Eiweiß und Zucker
7. Die Hauptzutat ist Marzipanrohmasse.
8. Milcheis muss aus mindestens 70 % Milch mit 3,5 % Fett hergestellt werden.
9. Die Zuckerdichte bezeichnet den Zuckergehalt einer Flüssigkeit bei der Herstellung von Sorbets.
10. Speiseeis wir nach den Leitsätzen von Speiseeis in 8 Eissorten unterteilt.

Lernfeld 12

Speisenangebot für Veranstaltungen gastorientiert planen

Lernfeld 12 beinhaltet:

- Aufgaben einer Veranstaltung analysieren
- Bedürfnisse des Gastes erkennen
- Beratungsgespräche
- Speisekartengestaltung
- Zusatzstoffe & Allergene
- Zerlegen & Auslösen von ganzen Tierkörpern
- Zubereitung der Fleischteile
- Verwendung und Präsentation der Gerichte
- Wild
- Vegetarische Gerichte

Ein Fleischteil des Rindes wird als **Schwanzrolle** bezeichnet.

a. Aus welchem Teilstück des Rindes stammt die Schwanzrolle?

b. Wie wird die Schwanzrolle noch genannt?

a. Die Schwanzrolle wird aus einem Teilstück der Keule entnommen

b. Die Schwanzrolle wird auch als „Semerrolle“ oder als „Falsches Filet“ bezeichnet.

Achtung: Die Schwanzrolle ist ein Teilstück aus der Keule! Es gibt noch ein weiteres so genanntes „Falsches Filet“ aus dem Bug (Schulterbereich), das als Falsche Lende oder auch als Schulterfilet bezeichnet wird.

Was versteht man unter einer **Rinderpistole**?

Eine Rinderpistole, auch Rinderhinterviertel genannt, ist das hintere Viertel eines Rindes. Es besteht aus der Keule und einem Teil des Rückens und ähnelt in **Form und Aussehen einer Pistole**.

Tournedos werden aus welchem Fleischteil geschnitten?

Tournedos werden aus dem **Rinderfilet** geschnitten.

In welche vier Teilstücke wird die **Kalbskeule** unterteilt?

Die Kalbskeule wird unterteilt in

- Oberschale
- Nussstück (Nuss oder auch Hüfte)
- Frikandeau (Unterschale)
- Kalbshaxe

Worin besteht der Unterschied zwischen einem **T-Bone Steak** und einem **Porterhouse Steak**?

Beide Steaks werden **mit dem Knochen** portioniert. Der Knochen hat eine T-Form und verläuft quer durch das Steak.

Das **T-Bone Steak** hat einen kleineren Filetanteil und einen größeren Roastbeef Anteil

Bei dem **Porterhouse Steak** ist es umgekehrt: größerer Filetanteil – kleinerer Roastbeef Anteil

Ordnen Sie die portionierten Fleischstücke den Fleischteilen zu, aus denen sie geschnitten werden.

Portionsstücke

- Entrecôte
- Tournedos
- Rib Eye
- Porterhouse Steak
- Chateaubriand
- Tenderlion Steaks
- Rumpsteak

Fleischteil

- Filet
- Roastbeef
- Hochrippe (Hohe Rippe)

Richtige Zuordnung:

Portionsstücke		**Fleischteil**
Entrecôte	–	Hochrippe (Hohe Rippe)
Tournedos	–	Filet
Rib Eye	–	Hochrippe (Hohe Rippe)
Porterhouse Steak	–	Roastbeef
Chateaubriand	–	Filet
Tenderlion Steaks	–	Filet
Rumpsteak	–	Roastbeef

Welches Schlachtfleisch gehört zu welchem Gericht?
Ordnen Sie entsprechend zu.

Gericht

- Wiener Schnitzel
- Sauerbraten
- Chateaubriand
- Eisbein
- Irish Stew
- Lachsschinken
- Tournedos „Rossini“
- Kasseler Karbonade
- Züricher Geschnetzeltes
- Saltimbocca alla romana

Fleisch

- Schweinefleisch
- Rindfleisch
- Lammfleisch
- Kalbfleisch

Eisbein	–	Schweinefleisch
Lachsschinken	–	Schweinefleisch
Kasseler Karbonade	–	Schweinefleisch
Sauerbraten	–	Rindfleisch
Chateaubriand	–	Rindfleisch
Tournedos „Rossini“	–	Rindfleisch
Irish Stew	–	Lammfleisch
Wiener Schnitzel	–	Kalbfleisch
Züricher Geschnetzeltes	–	Kalbfleisch
Saltimbocca alla romana	–	Kalbfleisch

In welche **3 Teilbereiche** wird ein **Rinderfilet** unterteilt?

Die 3 Teilbereiche sind:

- Filet-Kopf
- Filet-Mittelstück
- Filet-Spitzen

Ein beliebtes Produkt aus Schlachtfleisch sind Würste.

Erläutern Sie die **Herstellung folgender Wurstarten:**

- Rohwürste
- Brühwürste
- Kochwürste

Bei **Rohwürsten** wird das verwendete Fleisch in die gewünschte Körnung gebracht, mit Speck, Salz und anderen Gewürzen vermengt, in Därme gefüllt und dann zum Trocknen aufgehängt. Während der Trocknung reift das Fleisch und erhält so seinen typischen Geschmack.
Bekanntes Beispiel: Salami

Bei **Brühwürsten** wird das Fleisch grob zerkleinert, dann im Kutter mit Gewürzen, Salz und Eis weiter bearbeitet, in Därme gefüllt und gebrüht. Je nach Art der Wurst werden sie anschließend noch geräuchert.
Bekanntes Beispiel: Fleischwurst

Kochwürste bestehen zu einem großen Teil aus vorgekochten oder -gebrühten Zutaten. Sie werden zum Teil noch mit rohen Zutaten versetzt in Därme gefüllt und anschließend gekocht. **Bekanntes Beispiel: Blutwurst**

In welche **2 Hauptgruppen** wird **Wildfleisch** eingeteilt?

Wildfleisch wird in die beiden Hauptgruppen **Haarwild** und **Federwild** unterteilt.

Welche Tiere werden auch als **„Schwarzwild“** bezeichnet?

Wildschweine

Ordnen Sie die Jagdzeiten den entsprechenden Wildtieren zu.

(Zuordnung nach den Regelungen der Bundesjagdzeitenverordnung:)

Wildtier	**Jagdzeit**
• 2-jähriges Reh (Schmalreh)	• 1. Mai – 31. Januar
• Fasan	• ganzjährig
• Frischlinge	• 1. Oktober – 15. Januar

Wildtier	**Jagdzeit**
2-jähriges Reh (Schmalreh)	1. Mai – 31. Januar
Fasan	1. Oktober – 15. Januar
Frischlinge	ganzjährig

Hinweis: ggf. haben einige Bundesländer innerhalb dieser Jagdzeiten weitere Einschränkungen.

a. Was versteht man unter dem Begriff **„Spicken“**?

b. Warum werden Fleischteile von Wildtieren oft gespickt?

a. Das Durchziehen von Fleischteilen mit „grünem“ Speck (Spickspeck).
b. Um ein zu großes Austrocknen der Fleischteile beim Garen zu verhindern.

Worin besteht der Unterschied zwischen **„spicken“** und **„lardieren“**?

Die Unterschiede bestehen in der Platzierung und der Anwendung.

Beim **Spicken** werden Fleischteile in den **äußeren Fleischschichten** mittels einer Spicknadel mit dünnen Streifen von Spickspeck durchzogen. Meist werden Fleischteile gespickt, die kurz gebraten werden oder im Ofen eine mittlere Garzeit haben.

Lardieren bedeutet das Einbringen von etwas dickeren Speckstreifen in das **Fleischinnere** mittels eines Spickrohrs. Dies erfolgt bei großen Fleischteilen, meist von älteren Tieren, die eine lange Garzeit aufweisen (z. B. Schmorgerichte).

Der Jäger zeigt dem Koch, wie ein Hirsch aus der Decke geholt wird.

Was ist darunter zu verstehen?

Aus der Decke holen (oder schlagen) bedeutet, das Fell eines Wildtieres zu entfernen.

Nennen Sie **3 Gründe**, die dafür sprechen, das Fleisch von älteren Wildtieren vor dem Garen in **Marinaden** einzulegen.

Drei Vorteile beim Marinieren von Fleisch älterer Wildtiere:

1. Das Fleisch wird durch die Marinade **zarter**.
2. Das Fleisch wird durch die Marinade **würziger**.
3. Das Fleisch kann durch die Marinade **kurzfristig konserviert** werden.

Welches Wildfleisch sollte besser **nicht** in Marinaden eingelegt werden?

Aufgetautes Wildfleisch und das Fleisch von **jungen Tieren** sollten besser nicht mariniert werden.

Fleisch erhält durch das Einfrieren eine lockerere Zellstruktur. Durch das Marinieren würde es noch zarter werden. Es gibt dann beim Garen zu viel Flüssigkeit ab und wird trocken.

Junge Tiere haben ein sehr zartes Fleisch, sodass ein Marinieren nicht nötig ist.

Was wird beim Wild als **Hautgout** bezeichnet?

Hautgout bezeichnet einen **starken Geruch und Geschmack** von Wildfleisch. Er entsteht, wenn Wildfleisch **überlagert** wird. Er weist auf einen einsetzenden Verwesungsprozess hin, bei dem allmählich das Fleischeiweiß zersetzt wird.

Welche **beiden Pökelverfahren** als Haltbarmachung für Fleischteile kennen Sie?

a. Erläutern Sie kurz beide Verfahren?

b. Nennen Sie zu jedem Verfahren ein bekanntes Beispiel.

Beim Pökeln unterscheidet man zwischen **Trockenpökeln** und **Nasspökeln**.

a. Beim Trockenpökeln werden die Fleischteile mit Pökelsalz bestreut und geschichtet. Nach einer bestimmten Pökelzeit wird das Fleisch meist noch geräuchert.

   Beim Nasspökeln werden die Fleischteile entweder in eine Lake eingelegt oder mit einer Lake gespritzt. (Lakepökeln und Spritzverfahren)

b. Trockenpökeln – Roher Schinken

   Nasspökeln – Eisbein

Welche **Speisekarten** sind der Standardkarte bei Stammkunden eines Restaurants vorzuziehen?

Da Stammgäste die Standardkarte wohl sehr gut kennen, sind die **Tageskarte** und die **Saisonkarte** die geeignetere Wahl.

Welche weiteren Möglichkeiten haben Sie neben der Standard-, Tages- oder Saisonkarte, um dem wiederkehrenden Gast abwechslungsreiche zusätzliche Speisenangebote unterbreiten zu können?

Weitere Möglichkeiten zusätzlicher Speisekarten oder Angebotsmöglichkeiten sind:

- Empfehlungen internationaler Herkunft (z. B. USA-Wochen, Frankreich-Spezialitäten usw.)
- Empfehlungen für bestimmte Regionen (z. B. Hamburg, Westfalen, Bayern, Elsass usw.)
- Empfehlungen für bestimmte Anlässe (z. B. Valentinstag, Weihnachten, Ostern usw.)
- Empfehlungen zu bestimmten Produkten (z. B. Thema Pasta, Pilze, Kartoffeln, Muscheln usw.)
- Empfehlungen zu bestimmten Getränken (z. B. begleitenden Speisen zu Whiskeys, Speisenzubereitungen mit Wein)

Sie müssen einen **Ablaufplan für ein Festmenü** ausarbeiten.

Bringen Sie die folgenden Arbeitsschritte in die richtige Reihenfolge.

a. Geschirr auswählen – Auswahl des zum Rahmen der Veranstaltung passenden Geschirrs
b. Bestellungen vornehmen – Benötigte Rohwaren bestellen bzw. einkaufen
c. Personalplanung – Zahl der benötigten Personen und Arbeitseinteilung planen
d. Präsentation der Speisen – Geeignete Anrichteweise und Garnituren festlegen
e. Menüabsprache – mit dem Gastgeber die Speisenfolge planen und schriftlich festhalten

Die richtige Reihenfolge lautet e, b, c, a, d.

1. **Menüabsprache** – mit dem Gastgeber die Speisenfolge planen und schriftlich festhalten
2. **Bestellungen** vornehmen – Benötigte Rohwaren bestellen bzw. einkaufen
3. **Personalplanung** – Zahl der benötigten Personen und Arbeitseinteilung planen
4. **Geschirr auswählen** – Auswahl des zum Rahmen der Veranstaltung passenden Geschirrs
5. **Präsentation** der Speisen – Geeignete Anrichteweise und Garnituren festlegen

Beim Kreieren und Schreiben von Menüs folgt man einer bestimmten **Speisenfolge**.

Bringen Sie die einzelnen Gänge eines 7-Gang-Menüs in die richtige Reihenfolge.

- Käse
- Hauptgang
- Dessert
- Zwischengericht
- Kalte Vorspeise
- Sorbet
- Suppe

1. Kalte Vorspeise
2. Suppe
3. Zwischengericht
4. Sorbet
5. Hauptgang
6. Käse
7. Dessert

Beim Schreiben von Gerichten folgt man einer bestimmten Reihenfolge.

Bringen Sie die Vorgaben für das **Schreiben von Gerichten** in die richtige Reihenfolge.

- der Salat
- das Gemüse
- die Garnitur
- die Zubereitungsart
- der Hauptbestandteil
- die Soße
- die Sättigungsbeilage

1. die Zubereitungsart
2. der Hauptbestandteil
3. die Garnitur
4. die Soße
5. das Gemüse
6. die Sättigungsbeilage
7. der Salat

Werden ein oder mehrere Punkte beim Aufschreiben von Gerichten nicht benötigt, so folgt man einfach dem nächsten Punkt der Reihenfolge.

Welcher **Fehler** ist dem Koch bei der Schreibweise des Fischganges in der Menükarte unterlaufen?

Seezunge nach Müllerin Art mit Dillrahmsauce, Blattspinat und Salzkartoffeln

Bei der Schreibweise orientiert man sich an den Regeln des Duden. Darum wird bei einer Zubereitungsart, die sich auf Berufsgruppen bezieht, der Zusatz „nach ... Art“ oder „auf ... Art“ direkt an die Berufsbezeichnung gehängt. Richtig wäre also

Seezunge nach ***Müllerinart*** *mit Dillrahmsauce, Blattspinat und Salzkartoffeln*

Beim Kreieren von Menüs sollten bestimmte Gesichtspunkte bei der **Zusammenstellung der Speisen** beachtet werden.

Nennen Sie den wichtigsten Punkt.

Der wichtigste Punkt bei der Zusammenstellung von Menüs lautet:

Wiederholungen weitestgehend vermeiden, und zwar hinsichtlich

- **Vielseitigkeit** – Wiederholungen von Farben vermeiden (Spinat beim Fischgang und Brokkoli beim Hauptgang)
- **Zubereitungsarten** – Wiederholungen von Zubereitungsarten vermeiden (gebratener Fischgang und gebratener Hauptgang)
- **Rohstoffwiederholung** – Mehrfaches Einsetzen eines Rohstoffs vermeiden (z. B. Sahne bei der Suppe und Sahne im Dessert)
- **Präsentation** – Wiederholungen der Anrichteweisen vermeiden (das Auge „isst" bekanntlich zuerst)

Warum ist die **optische Gestaltung** einer Speisekarte für den Gast so wichtig?

Eine optisch übersichtlich gestaltete Speisekarte hilft dem Gast bei der **Orientierung** und bei der **Auswahl** der Speisen.

Speisekarten sollten sachlich (z. B. Vorspeisen, Suppen...) und nach Themen (Saisonkarte, Tageskarte...) gestaltet sein.

Welcher **Verordnung** unterliegt die Auszeichnung von **Allergenen und Zusatzstoffen** auf Speisekarten?

Die Auszeichnung von Allergenen und Zusatzstoffen auf Speisekarten unterliegt der **LMIV (Lebensmittel-Informationsverordnung)**.

Welcher der hier aufgezeigten Hinweise zu Zusatzstoffen und Allergenen ist auf Speisekarten zulässig und ersetzt die genaue Auflistung der Zusatzstoffe und Allergene?

- „Es werden nur gesetzlich zugelassene Zusatzstoffe verwendet“
- „Zusatzstoffe werden nur in gesetzlich erlaubter Menge verwendet“
- „Alle bei uns verwendeten Zusatzstoffe sowie allergenen Inhalte sind gesetzlich zugelassen“

Keiner dieser Hinweise ist auf Speisekarten zulässig und ersetzt die genaue Deklaration zu Zusatzstoffen und Allergenen! Die Hinweise sind nicht ausreichend genug, da sie dem Verbraucher nicht aufzeigen, welcher Zusatzstoff bzw. welches Allergen sich in welcher Speise oder Getränk befindet.

Prüfen Sie folgende Aussage auf Richtigkeit.

„Durch die Erstellung eines Zusatzstoff- und Allergenverzeichnisses, das auf Anfrage des Gastes durch das Servicepersonal ausgehändigt werden kann, kann auf die Auszeichnung der entsprechenden Stoffe in der Speisekarte verzichtet werden.“

Richtig oder falsch? Erläutern Sie kurz mit eigenen Worten.

Ein solches Verzeichnis ist **nicht ausreichend** genug, da die Informationen über enthaltene Zusatzstoffe oder Allergene in den angebotenen Speisen unmittelbar, das heißt ohne die Hilfe des Personals, zur Verfügung stehen müssen.

Eine solche Liste, die aufzeigt in welchen der angebotenen Speisen sich Zusatzstoffe oder Allergene befinden, wäre nur zulässig, wenn sie sich direkt im Anhang der Speisekarte befindet oder direkt mit der Speisekarte zusammen ausgehändigt wird. Sie muss klar und deutlich aufzeigen, in welchen Gerichten sich welche Zusatzstoffe befinden bzw. in welchen Gerichten Allergene (allergieauslösende Lebensmittel) enthalten sind.

Sie sind mit der Ausarbeitung der Speisekarte beauftragt und sollen die Gerichte mit den enthaltenen **Zusatzstoffen** kennzeichnen.

Welche Zusatzstoffe, die sich in Gerichten befinden könnten, müssen auf Speisekarten ausgezeichnet werden?

Folgende Zusatzstoffe müssen auf der Speisekarte ausgezeichnet werden:

- Antioxidationsmittel
- Schwefel/geschwefelt
- Eisensalze/geschwärzt
- Konservierungsstoffe
- Koffein
- Chinin
- Geschmacksverstärker
- Stoffe zur Oberflächenkonservierung (gewachst)
- Süßungsmittel
- Phosphat
- Mit Milcheiweiß (bei Fleischerzeugnissen)

Welche 5 Punkte regelt die **Preisangaben-verordnung** (PAngV) für Gaststätten und Beherbergungsbetriebe?

1. Die Preisangaben für Speisen und Getränke müssen dem Gast ausreichend zur Verfügung gestellt werden.
2. Neben dem Eingang der Gaststätte (oder auf den Tischen)muss ein Preisverzeichnis frei zugänglich und gut leserlich ausgehängt werden.
3. In Beherbergungsbetrieben muss am Eingang oder bei der Anmeldestelle ein Preisverzeichnis über die Zimmerpreise und ggf. Frühstückspreise angebracht sein.
4. In Gaststätten und Beherbergungsbetrieben, in denen eine Telekommunikationsanlage genutzt werden kann, sind die Preise für die Benutzung in der Nähe der Anlage auszuhängen.
5. Preise in Preisverzeichnissen müssen Inklusivpreise (inkl. aller Servicegebühren und Steuern) sein.

Die Preisangaben in Speisekarten unterliegen der Preisangabenverordnung (PAngV) und müssen nach dieser .... sein.

Die in der Speisekarte angegebenen Preise müssen laut Preisangabenverordnung **Inklusiv-Preise** sein.

Das heißt, sie müssen bereits jegliche Zuschläge, Steuer und Bedienungsgeld beinhalten.

Verträge werden in der Regel schriftlich festgehalten. Kann ein **verbindlicher Bewirtungsvertrag** auch durch eine mündliche Zusage oder ein Nicken entstehen?

Begründen Sie kurz Ihre Antwort.

Ja, es kann auch mündlich ein Vertrag zustande kommen.

Begründung: Ein Gast bestellt beispielsweise beim Service eine Speise oder ein Getränk. Der Servicemitarbeiter bestätigt die Bestellung mit einem Nicken, einem „Ja, sehr gerne“ oder Ähnlichem, und es ist ein verbindlicher Bewirtungsvertrag entstanden.

Was ist unter den Begriffen

a. **Trinkzwangverbot** und

b. **Kopplungsverbot**

zu verstehen?

a. **Trinkzwangverbot:** Es ist verboten, die Abgabe von Speisen von der Bestellung von Getränken abhängig zu machen oder bei der Nichtbestellung von Getränken die Preise für die Speisen zu erhöhen.

b. **Kopplungsverbot:** Die Bestellung von alkoholfreien Getränken darf nicht von der gleichzeitigen Bestellung eines alkoholhaltigen Getränks abhängig gemacht werden.

Was ist der **Deckungsbeitrag**?

Der Deckungsbeitrag ist der Erlös, der zur **Deckung der Fixkosten** eines Betriebes verfügbar ist.

Mit welcher **Formel** kann der **Deckungsbeitrag** berechnet werden?

Deckungsbeitrag = Umsatzerlöse* – variable Kosten

*Nettoverkaufspreise

Warum ist die Höhe des Deckungsbeitrages für ein Unternehmen wichtig?

Die Höhe des Deckungsbeitrages ist entscheidend dafür, ob ein Unternehmen Gewinne erwirtschaftet oder nicht.

Ist der Deckungsbeitrag höher als die Fixkosten, erwirtschaftet ein Unternehmen Gewinn.

Was versteht man in der Küche unter „**Food Cost**"?

Die „Food Cost“ der Küche ist die Höhe des Wareneinsatzes im Verhältnis zum Netto-Verkaufserlös. Sie wird in der Regel in Prozent ausgedrückt.

Die Food Cost wird oft auch als Wareneinsatz, Bezugskosten, Bezugspreis oder Materialkosten bezeichnet.

Welche **rechtlichen Vorgaben** durch Gesetze und Verordnungen müssen beim Erstellen einer Speisekarte berücksichtigt werden?

Berücksichtigt werden müssen:

- die Preisangaben laut Preisangabenverordnung (PAngV)
- die Deklarationspflicht von Zusatzstoffen (ZZulV)
- die Deklarationspflicht von Allergenen (LMIDV)
- die Deklarationspflicht von gentechnisch veränderten Lebensmitteln

Welche Kosten bilden die Grundlage (Ausgangslage) bei der Zuschlagskalkulation?

Mit den **Materialkosten** wird die Zuschlagskalkulation begonnen.

Der Trend zur vegetarischen und veganen Ernährung wächst von Jahr zu Jahr.

Erläutern Sie kurz die **Grundzüge** und **Beweggründe** der veganen Ernährung.

Die Grundzüge basieren auf einer **ausschließlich pflanzlichen** Ernährung. Es wird konsequent auf Produkte tierischen Ursprungs wie Fleisch, Fisch, Milcherzeugnisse, Eier sowie Honig verzichtet.

Die Entscheidung für eine vegane Ernährung erfolgt meist aus **ethischen** Gründen (Schutz der Tiere), **gesundheitlichen** Gründen oder **ökologischen** Gründen (z. B. Reduzierung des ökologischen Fußabdrucks).

Erläutern Sie kurz die Unterschiede von:

- Flexitarier
- Pescetarier
- Vegetarier
- Veganer

Flexitarier sind Teilzeitvegetarier und ernähren sich überwiegend vegetarisch, gelegentlich aber auch von Fleisch und Fisch.

Pescetarier ernähren sich überwiegend vegetarisch, ergänzt von Meeresfrüchten und Fisch. Auch Eier und Milcherzeugnisse gehören auf den Speiseplan der Pescetarier.

Vegetarier ernähren sich überwiegend pflanzlich, verzichten auf Lebensmittel von getöteten Tieren, verzehren aber tierische Produkte wie Eier, Milch oder Honig.

Veganer ernähren sich ausschließlich pflanzlich und verzichten auch auf tierische Produkte wie Eier, Milch oder Honig

Welche **4 Unterarten** der vegetarischen Ernährung kennen Sie?

Erläutern Sie stichpunktartig die Unterschiede.

Die Unterarten der vegetarischen Ernährung sind:

Ovo-Lacto-Vegetarier: essen Eier, Milcherzeugnisse, verzichten auf Fleisch und Fisch

Lacto-Vegetarier: essen Milcherzeugnisse, verzichten auf Eier, Fleisch und Fisch

Ovo-Vegetarier: essen Eier, verzichten auf Milcherzeugnisse, Fleisch und Fisch

Pescetarier: essen Eier, Milcherzeugnisse und gelegentlich Fisch, aber kein Fleisch

Bei allen Unterarten ist eine überwiegende pflanzliche Ernährung die Grundlage.

1. Was ist unter einer Rinderpistole zu verstehen?
2. Nennen Sie die 4 Teilstücke einer Kalbskeule.
3. Aus welchem Fleisch wird das originale Wiener Schnitzel hergestellt?
4. Nennen Sie die 3 Hauptgruppen bei Wurstwaren nach den Herstellungsverfahren.
5. Welches Tier wird auch als Schwarzwild bezeichnet?
6. Welches Wildfleisch sollte nicht mariniert werden?
7. An welcher Stelle wird das Sorbet bei einem 7 Gang Menü serviert?
8. Was ist das Trinkzwangverbot?
9. Durch welche Formel wird der Deckungsbeitrag berechnet?
10. Was wird mit Food Cost aufgezeigt?

1. Die Rinderpistole ist ein Rinderhinterviertel aus Keule und Teil des Rückens.
2. Oberschale, Nussstück (Nuss oder Hüfte), Frikandeau und Kalbshaxe
3. Kalbfleisch
4. Brühwurst, Kochwurst & Rohwurst
5. Wildschweine
6. Aufgetautes Wildfleisch und Wildfleisch von jungen Tieren
7. An vierter Stelle; zwischen Zwischengericht und Hauptgang
8. Es ist verboten, die Abgabe von Speisen von der Bestellung von Getränken abhängig zu machen (§ 20 Gaststättengesetz).
9. Umsatzerlös (Nettoverkaufspreis) minus variable Kosten
10. Food Cost zeigt das Verhältnis zwischen Wareneinsatz und Nettoverkaufserlös auf.

Lernfeld 13

Büfetts mit Fisch und Meeresfrüchten herstellen und präsentieren

Lernfeld 13 beinhaltet:

- Krustentiere
- Angebotsformen von Fisch, Fischerzeugnissen und Meeresfrüchten
- Herstellung & Zubereitung von Fisch, Fischerzeugnissen, Meeresfrüchten
- Passende Saucen & Beilagen
- Planung eines Büfetts, Speisenauswahl
- Vorbereitungsarbeiten und Zubereitungsarten bei Fisch & Meeresfrüchten

In welche **zwei Kategorien** werden die **Meeresfrüchte** unterteilt?

Meeresfrüchte werden in **Krustentiere** (Garnelen, Hummer, Langusten etc.) und **Weichtiere** (Muscheln, Schnecken, Tintenfische) unterteilt.

Was ist unter der Bezeichnung **„Surf & Turf“** zu verstehen?

Surf & Turf ist ein Gericht, bei dem **Krustentiere** (meist Hummer) **mit Fleisch** (meist Rind) **kombiniert** werden.

Welche **Zutaten** benötigen Sie, um eine **einfache Fischfarce** für eine Fischterrine herzustellen?

Benötigte Zutaten für eine einfache Fischfarce:

- grätenloses weißes Fischfleisch
- Sahne
- Salz
- trockener Weißwein

Kalte Fisch- und Meeresfrüchteplatten werden oft bei kalt-warmen Büfetts angeboten.

Nennen Sie **6 Fischspezialitäten**, die bei kalten Fisch- und Meeresfrüchteplatten Verwendung finden können.

- Verschiedene geräucherte oder gebeizte Fische
- Fischpralinen
- Fischsülze
- Fischterrine
- Fischpastete
- Pasteten oder Tartelettes mit Fischfüllung
- Verschiedene Fischsalate
- Garnelen gebeizt, geräuchert oder mariniert
- Sauer eingelegter Fisch
- Crevettensalat
- Verschiedene Tatare
- Cocktail von Hummer, Langusten oder Krebsen
- u.a.

Was ist unter einem **„Flying Buffet“** zu verstehen?

Erklären Sie stichpunktartig.

Ein „Flying Buffet“ ist kein Büfett im klassischen Sinn, bei dem die Speisen auf Platten angerichtet und auf Tischen bereitgestellt werden.

Bei einem „Flying Buffet“ werden die verschiedenen Speisen (Gerichte) auf kleinen Tellern, Löffeln, in Gläsern oder Ähnlichem angerichtet und vom Servicepersonal zu den Gästen gebracht. Die Gäste können sich dann einzelne Gerichte von den Tabletts nehmen und verzehren.

In der Regel finden „Flying Buffets“ bei Stehempfängen statt.

Wie sollte ein kaltes Fisch- und Meeresfrüchte Büfett in Bezug auf Angebot und Präsentation aufgebaut sein?

Ein Büfett sollte für **Abwechslung** im Angebot der Speisen und der Präsentation sorgen, man sollte verschiedene Präsentations- und Angebotsformen bei der Auswahl des Angebots berücksichtigen.

Es sollte dem Gast eine visuelle und geschmackliche Abwechslung bieten. Dies kann durch eine Kombination aus Schauplatten, normal angerichteten Platten und Gerichten in Schüsseln (z. B. Salate) gewährleistet werden. Man sollte ebenfalls für Höhen und Tiefen im Büfett sorgen, damit die Gerichte nicht alle „langweilig“ auf einer Höhe präsentiert werden. So können die Speisen optisch schön und interessant präsentiert werden.

Was ist unter dem Begriff **„Gästefluss“** am Büfett zu verstehen?

Der Aufbau von Tischen für ein Büfett sollte so gewählt werden, dass die Gäste bestimmten Laufrichtungen folgen.

Die Speisen sollten am Büfett so arrangiert werden, dass es für die Gäste selbsterklärend ist, wo der Anfang des Büfetts ist und in welche Richtung gelaufen wird.

Das soll verhindern, dass sich am Büfett Staus entwickeln, damit die Gäste in einem „Fluss“ ohne lange Wartezeiten entlang können.

Büfetts mit **„Live-Koch-Stationen"** sind eine gute Angebotsform, um dem Gast ein Erlebnis zu schenken und eine Garantie für frisch zubereitet Gerichte zu bieten.

Welche Möglichkeiten sind Ihnen für „Live-Koch-Stationen" bekannt? Nennen Sie 5.

Möglichkeiten für „Live-Koch-Stationen“ sind z. B.:

- Bestandteile am Vorspeisenbüfett schneiden, zerlegen und vorlegen (z. B. ganzer gegarter Fisch, Graved Lachs oder Schinkenstück frisch schneiden uvm.)
- Austernbuffet, an dem die Austern frisch geöffnet werden
- Omelette Station
- Sushi-Station
- Tranchierstation für warme, im Ganzen gegarte Fleischstücke (Roastbeef im Ganzen, Filet Wellington, Geschmorte Lammkeule uvm.)
- Wok-Station
- Grill-Station
- Eis-Station
- Crêpes- oder Waffelstation

Am Vorspeisenbüfett ist neben diversen Fisch- und Meeresfrüchteplatten auch **Sushi** zu finden.

Welche Sushi-Arten sind Ihnen bekannt?

Erklären Sie auch kurz die Herstellung der Sushi-Arten.

- **Maki Sushi** (übersetzt: gerollte Sushi): Der Klassiker, bei dem Reis, Fisch und Gemüse in ein Algenblatt eingerollt und in mundgerechte Stücke geschnitten werden.
- **Hoso Maki Sushi** (übersetzt: dünne Rolle): Hier wird ein Algenblatt halbiert und mit Reis und meist nur einer oder zwei Zutaten gefüllt. Die Rollen sind dünner als die klassischen Maki.
- **Nigiri Sushi** (übersetzt: Ballen-Sushi): Hier werden aus dem Sushireis ovale Ballen geformt und mit Fisch oder anderen Zutaten belegt.
- **Ura Maki Sushi** (oder auch Inside-Out oder California Roll genannte Sushi): Hierbei wird die Füllung direkt in ein Algenblatt gerollt und dann mit dem Sushireis ummantelt. Hier befindet sich das Algenblatt innen und der Reis außen.
- **Te-Maki Sushi** (übersetzt: von der Hand gerollt): Hierbei handelt es sich um traditionelles, japanisches Sushi, bei denen das Algenblatt als kleine Tüte geformt und dann gefüllt wird.

Was ist unter „**Sashimi**" zu verstehen?

Sashimi ist die reinste Art des Sushis.

Hier wird gänzlich auf Reis oder andere Zutaten verzichtet. Bei Sashimi sollte nur die frischeste und beste Qualität von Fisch verwendet werden.

Meist wird Sashimi lediglich mit Sojasauce, Wasabi und eingelegtem Ingwer angeboten.

Erläutern Sie den Unterschied von **kaltgeräuchertem** und **heißgeräuchertem Fisch**.

Kaltgeräucherte Fische werden in speziellen Räucherkammern kaltem Rauch ausgesetzt. Die Fische nehmen hierbei das Raucharoma an, ohne dabei zu garen. So soll der Geschmack verfeinert und die Haltbarkeit verlängert werden.

Heißgeräucherte Fische werden ebenfalls in speziellen Räucherkammern Rauch ausgesetzt. Hierbei ist die Rauchtemperatur aber wesentlich höher und die Fische garen bei diesem Prozess (je nach Dauer und Höhe der Rauchtemperatur stärker oder weniger stark).

Bei Fisch- und Meeresfrüchtebüfetts kommt oft auch **Surimi** als Salat, Cocktail oder Bestandteil anderer Gerichte zum Einsatz.

Erläutern Sie kurz, was Surimi ist.

Surimi ist ein **Krebsfleischersatz** bzw. Krebsfleischimitat.

Es erinnert im Aussehen und Geschmack an Krebsfleisch, wird aber aus frischem Fischfleisch hergestellt.

Es ist eine günstigere Alternative zu echtem Krebsfleisch.

Sie sollen für eine Fischbüfett **„Ceviche"** herstellen und auf Platten anrichten.

Was ist ein Ceviche?

Ein Ceviche ist ein aus Peru stammendes Gericht aus rohem, klein geschnittenem und mariniertem Fisch oder Meeresfrüchten.

Bei der Herstellung einer Ceviche „gart“ der Fisch durch die Säure des Limettensafts.

Hierbei wird die Eiweißstruktur des verwendeten Fisches verändert.

Wie nennt man diesen Vorgang in der Fachsprache?

Dieser Vorgang wird als **Denaturierung** bezeichnet.

Worin besteht der Hauptunterschied zwischen einer **Languste** und einem **Hummer**?

Die Languste hat im Gegensatz zum Hummer
keine Scheren.

Was wird beim Hummer als **Corail** bezeichnet?

Der Corail des Hummers ist der **Rogen** weiblicher Tiere. Er ist im rohen Zustand von eher dunkler Farbe (blau-schwarz oder schwarz-grünlich) und im gegarten Zustand rot.

Wozu wird der Hummer-Corail meist verwendet?

Der Hummercorail wird oft zur Verfeinerung von Suppen und Saucen eingesetzt.

Er findet aber unter anderem auch in Buttermischungen seine Verwendung.

Anhand welcher beiden Merkmale können weibliche von männlichen Hummern unterschieden werden?

Erstes Merkmal:
Die weiblichen Hummer haben einen breiteren Schwanzpanzer, da dort die Eier zum Brüten gelagert werden.

Zweites Merkmal:
Das erste Schwimmbeinpaar am Schwanzansatz ist bei den Weibchen relativ lang, weich und dünn. Bei den Männchen hingegen sind die Schwimmbeine relativ fest (verhärtet) und wesentlich breiter.

Gibt es Unterschiede zwischen **Scampi** und **Garnelen**?

Wenn ja, erläutern Sie diese.

Ja!

Der **Scampo (Mz. Scampi)**, auch Kaisergranat oder Langostino genannt, lebt auf dem Meeresgrund und bewegt sich durch Laufen vorwärts. Der Körper ist ähnlich wie der des Hummers lang gezogen und eher rundlich geformt (Querschnitt). Er hat im Gegensatz zu den Garnelen zwei in die Länge gezogene Scheren.

Die **Garnelen** besitzen im Gegensatz zu den Scampi **keine Scheren** dafür aber Fühler. Die ursprünglichen Beine sind bei vielen Arten zu Flossen umgebildet, und sie bewegen sich schwimmend vorwärts. Die Körperform (Querschnitt) ist herzähnlich.

Das deutsche Lebensmittelrecht schreibt vor, dass nur die Arten des *Nephrops norvegicus* sowie die Arten des *Metanephrops* als echte Scampi verkauft werden dürfen.

Was versteht man bei Garnelen unter der Bezeichnung **iqf**?

iqf = individually quickly frozen

Das bedeutet, dass die Garnelen einzeln schockgefrostet wurden. Der Vorteil dieser Methode ist, dass die Garnelen stückweise aus der Verpackung entnommen werden können.

Was versteht man unter folgenden Zahlencodes, die auf Verpackungen von Garnelen zu finden sind?

- 8/12
- 26/30
- U5

Diese Zahlencodes stehen für die **Anzahl der Tiere** auf ein britisches oder amerikanisches Pfund (lbs).

1 lbs = 454 g

Bezeichnung 8/12	= 8 bis 12 Tiere auf 1 lbs
Bezeichnung 26/30	= 26 bis 30 Tiere auf 1 lbs
Bezeichnung U 5	= bis max. 5 Tiere auf 1 lbs

Krabben-, Garnelen- oder auch Crevettencocktails werden meist aus tiefgefrorenen Garnelen hergestellt.

a. Welche Garnelen verbergen sich hinter der Bezeichnung **Grönland-Shrimp**?

b. Wo ist das **Hauptfanggebiet** der Grönland-Shrimps?

a. Der eigentliche Name dieser Garnelenart ist **„Eismeergarnele“**. Sie wird meist im Handel, aber auch in der Gastronomie als „Grönland-Shrimp“ bezeichnet.

b. Eismeergarnelen gehören zu den Tiefsee-garnelen und kommen im nördlichen Bereich des Atlantiks vor. Die Hauptfanggebiete sind um **Island**, vor **Grönland** und der **Ostküste Kanadas**.

Erklären Sie stichpunktartig Ihr Vorgehen bei der **Herstellung** eines klassischen **Shrimp-Cocktails**.

- Eismeergarnelen über Nacht im Kühlhaus auftauen
- Herstellen einer Cocktailsauce
- Eismeergarnelen mit Salz, Pfeffer und Zitronensaft abschmecken
- Chiffonade (Salatstreifen) herstellen und in ein Glas geben
- Eismeergarnelen auf den Salatstreifen anrichten und mit Cocktailsauce nappieren
- Cocktail garnieren

Eine mögliche Abwandlung ist, die Garnelen mit der Cocktailsauce zu vermengen und dann auf dem Salat anzurichten.

Muscheln, Austern, Schnecken werden unter der Kategorie „Weichtiere“ einsortiert.

Welche **Verwendungsmöglichkeiten** kennen Sie für diese Art von Lebensmitteln?

Verwendungsmöglichkeiten sind:

- als Bestandteil in Gerichten (z. B. Paella)
- als Suppe/Eintopf (z. B. Clam Chowder)
- als eigenständiges Gericht (z. B. in Gemüse-Kräutersud gekocht und heiß serviert, Muscheln in Tomatensauce)
- als kalter Salat
- überbacken (z. B. Austern Florentine)
- frittiert

Mit welchen **Methoden** ist das **Töten von Krebstieren, Schnecken und Muscheln** in Deutschland gemäß Tierschutz-Schlachtverordnung (TierSchlV) zulässig?

Krebstiere, Schnecken und Muscheln dürfen nur **in stark kochendem Wasser** getötet werden. Zudem muss das Wasser nach der Zugabe der Tiere stark weiter kochen und die Tiere müssen komplett mit kochendem Wasser bedeckt sein.

Für folgende Tiere kommen auch andere Tötungsvarianten infrage:

1. Bei Taschenkrebsen:
   Mechanische Zerstörung der beiden Hauptnervenzentren
2. Bei Schnecken und Muscheln:
   Über 100 °C heißer **Wasserdampf**
3. Bei Krebstieren:
   Elektrische Betäubung und Tötung

Erklären Sie stichpunktartig folgende Begriffe im Zusammenhang mit **Austern**:

- Huîtres de parc
- Fines de claire
- Spéciales de claire
- Huîtres sauvages

- **Huîtres de parc** sind Austern, die direkt aus einem Austernpark ohne Veredelung in den Handeln gelangen. Sie haben in der Regel einen nicht so feinen Geschmack wie veredelte Austern.
- **Fines de claire** sind Austern, die – bevor sie in den Handel gelangen – mehrere Wochen in Klärbecken gelagert werden. Dabei „klärt“ sich der Geschmack der Austern und wird feiner und reiner.
- **Spéciales de claire** sind Austern, die noch wesentlich länger in Klärbecken verbringen als die Fines de claire-Austern. Sie besitzen einen sehr reinen Geschmack und sind bei Austernliebhabern sehr beliebt.
- **Huîtres sauvages** sind besonders große Austern. Sie eignen sich eher zum Kochen und sind zum Schlürfen weniger geeignet.

Welche Zutaten werden für die Zubereitung von **Austern à la florentine** benötigt?

- Austern
- Sautierter Blattspinat
- Mornay-Soße
- Geriebener Käse

Was ist eine **Coquille Saint-Jacques**?

Hierbei handelt es sich um eine **Jakobsmuschel**.

Wie wird die Jakobsmuschel noch bezeichnet?

Die Jakobsmuschel wird auch oft als **„Pilger-muschel“** oder als „Große Pilgermuschel“ bezeichnet.

Warum sollte man Muscheln, die nach dem Kochen noch geschlossen sind, aussortieren und nicht mehr verzehren?

Muscheln, die nach dem Kochen noch geschlossen sind, sind Muscheln, die **bereits vor dem Kochen tot** waren.

Von einem Verzehr solcher Muscheln ist abzuraten, da man nicht weiß, wie weit der Verderb der Muscheln bereits fortgeschritten war und ob beim Verzehr solcher Muscheln eine **Gefahr für die Gesundheit** besteht.

1. Nennen Sie 4 Fischspezialitäten für ein Vorspeisenbüfett.
2. Nennen Sie 3 mögliche Live-Koch-Stationen.
3. Nennen Sie 2 Arten von Sushi.
4. Was ist Surimi?
5. Was ist die Denaturierung durch Säure bei Fisch?
6. Was ist der Corail?
7. Wie wird der echte Scampi noch genannt?
8. Was bedeutet der Zahlencode 8/12 bei Garnelen?
9. Welche Sauce wird für einen klassischen Crevetten Cocktail benötigt?
10. Was ist eine Coquille Saint Jacques?

1. Fischpraline, Fischterrine, gebeizter Lachs, Crevetten Salat, Fischsülze u.v.m.
2. Wok Station, Grill Station, Crêpes Station, Omelette Station, Sushi Station, Austern Station u.v.m.
3. Maki (Hoso-Maki, Futo-Maki), Nigiri, Ura-Maki, Temaki
4. Surimi ist ein Krebsfleischersatz aus Fischfleisch hergestellt
5. Bei der Denaturierung wird die Eiweißstruktur von rohem Fisch durch Säure verändert.
6. Corail ist der Rogen des Hummers.
7. Kaisergranat oder Langostino
8. Der Code bedeutet 8 – 12 Stück Garnelen pro Britischem Pfund (1 lbs = 454 g)
9. Cocktailsauce
10. Jakobsmuschel (Pilgermuschel oder Große Pilgermuschel)

Lernfeld 14

Eine Aktionswoche organisieren und betriebswirtschaftlich beurteilen

Lernfeld 14 beinhaltet:

- Arten von Aktionswochen
- Analyse, Planung und Ziel einer Aktionswoche
- Internationale, Deutsche und Regionale Küche
- Küchenplanung, Analyse und Kalkulation einer Aktionswoche

Nennen Sie **5 Schritte**, um eine zielführende **Werbemaßnahme** für Ihren Betrieb zu starten.

Um eine zielführende Werbemaßnahme starten zu können, müssen Sie:

- Die **Zielgruppe** finden – Welchen Gästekreis wollen Sie ansprechen?
- Die **Werbebotschaft** definieren – Welcher Inhalt soll transportiert werden?
- Die Entscheidung treffen, ob es sich um **interne oder externe Werbung** handeln soll
- Die **Auswahl des Mediums** vornehmen – Wie wollen Sie die Botschaft transportieren?
- Den **Zeitpunkt** richtig planen

Welche Möglichkeiten stehen Ihnen für eine **externe Werbung** zur Verfügung?

Nennen Sie 6.

- Internetauftritt – Werbung auf der betriebseigenen Homepage
- Newsletter, der per E-Mail verschickt wird
- YouTube Videos
- Posts in sozialen Medien (z. B. Facebook, Instagram)
- Mund zu Mund Propaganda
- Außenwerbung am Gebäude, um Laufkundschaft anzuziehen
- Fahrzeugwerbung
- Partnerschaften mit anderen Betrieben
- Werbung auf Eventveranstaltungen
- Zeitungs-, Zeitschrifteninserat
- Radiowerbung
- Plakatwerbung
- Flugblätter
- Präsenz auf Online-Bewertungsplattformen

Welche unterschiedlichen Ziele verfolgen die **externe** und die **interne** Werbung?

Die **externe Werbung** zielt eher darauf ab, einen neuen Kundenkreis zu erschließen und potenzielle Kundenkreise auf sich aufmerksam zu machen.

Die **interne Werbung** richtet sich an den Gast, der sich bereits im Haus befindet. Sie dient der Verkaufsförderung.

Welche Arten von **interner Werbung** kennen Sie?

1. Werbung durch das **Personal**, das auf Wünsche des Gastes eingeht und Empfehlungen gibt.
2. Die **Speisekarte** kann auf zusätzliche Angebote des Betriebes aufmerksam machen; z. B. visuell hervorgehobene Speisen, die sich vom Rest der Karte absetzen.
3. **Tischaufsteller**, die z. B. auf saisonale Empfehlungen hinweisen.

Bevor ein **Aktionsangebot** erstellt werden kann, muss das Thema für die Aktion definiert werden, um in die Planung gehen zu können.

Welche möglichen Anlässe (Themen) können Sie für ein Aktionsangebot nutzen?

Mögliche Themen für ein Aktionsangebot können sein:

- **Besondere Jahresanlässe** – wie Ostern, Pfingsten, Silvester, Weihnachten
- **Regionale Anlässe** – wie Oktoberfest, Weinfest, Starkbierzeit
- **Saisonale Angebote** – wie Grünkohlzeit, Spargelzeit, Erdbeerzeit, Matjeszeit, Pilze, Bärlauch und Waldmeister, Apfelernte, „Alles Tolle aus der Knolle"
- **Länderthemen** – wie „Italienwochen", „Eine Reise um die Welt", „Gerichte aus den Bundesländern"
- **Angesagte Küchen** und **Ernährungstrends** – wie Fusion Küche (East meets West), Vegane Tage, Molekularküche

Welches Ziel verfolgen Sie als Gastronom mit einer **Angebotswoche** oder **Aktionstagen** in Ihrem Betrieb?

Ziele einer Aktionswoche können sein:

- **potenzielle Kunden** sollen den Betrieb als solches auf dem Markt wahrnehmen
- **Bekanntheitsgrad** des Betriebes bei den Gästen zu steigern
- **Vielfältigkeit des Betriebes** und seine Möglichkeiten zu zeigen
- **zusätzliche Umsätze** zu erzeugen bzw. den Umsatz durch Neukunden zu steigern
- Stammkunden **Abwechslung** anzubieten
- **Neukunden zu gewinnen** und an den Betrieb zu binden (Stammkundengewinnung)

Bei der **Personalplanung** für eine Aktionswoche sind rechtliche Aspekte zum **Arbeitsrecht** zu berücksichtigen.

Welche Punkte sollten bei der Personalplanung berücksichtigt werden?

Die wichtigsten Punkte aus dem Arbeitsrecht, die bei der Planung berücksichtigt werden sollten, sind:

- Tägliche Arbeitszeit
- Pausenzeiten
- Ruhezeiten zwischen den Arbeitstagen
- Mögliche Überstunden/Mehrarbeit
- Länge der Schichten

Welche regionalen **Gerichte aus Deutschland** fallen Ihnen für ein Aktionsgericht ein?

Nennen Sie 3.

Mögliche regionale Gerichte:

- Rheinischer Sauerbraten
- Westfälischer Pfefferpotthast
- Hamburger Aalsuppe
- Böfflamot (Schmorbraten aus Bayern)
- Norddeutsches Labskaus
- Schwäbische Maultaschen
- Schwarzwälder Kirschtorte
- Finkenwerder Scholle

Nennen Sie zu den Gerichten das jeweilige Bundesland, aus dem das Gericht stammt

- Finkenwerder Scholle
- Rheinischer Sauerbraten
- Kalbsleber Berliner Art
- Handkäse mit Musik
- Pfälzer Saumagen
- Leipziger Allerlei
- Käsespätzle
- Leberknödelsuppe

- Finkenwerder Scholle – Hamburg
- Rheinischer Sauerbraten – Nordrhein-Westfalen
- Kalbsleber Berliner Art – Berlin
- Handkäse mit Musik – Hessen
- Pfälzer Saumagen – Rheinland-Pfalz
- Leipziger Allerlei – Sachsen
- Käsespätzle – Baden-Württemberg
- Leberknödelsuppe – Bayern

Aus welchem Land und welcher Region stammt das Gericht **Boeuf Bourguignon**?

Das Gericht stammt aus **Frankreich** aus der Region **Bourgogne (Burgund)**.

Bei einem internationalen Büfett stehen folgende Gerichte auf der Menükarte.

a. Erläutern Sie stichpunktartig, um was es sich bei dem jeweiligen Gericht handelt.

b. Nennen Sie das jeweilige Land, aus dem das Gericht stammt.

- Vitello Tonnato
- Souvlaki
- Paella
- Dim Sum
- Yakitori
- Mac and Cheese

Vitello Tonnato	Italien	geschmortes Kalbfleisch mit Thunfischsauce
Souvlaki	Griechenland	gegrillte Fleischspieße
Paella	Spanien	Reisgericht mit Fleisch, Fisch und Meeresfrüchten
Dim Sum	China	gefüllte und gedämpfte Teigtaschen
Yakitori	Japan	gegrillte marinierte Geflügelspieße
Mac and Cheese	USA	Makkaroni Nudeln in Käsesauce

Auf der Speisekarte finden Sie folgendes regionales Gericht:

Himmel und Erde mit gebratener Blutwurst und gerösteten Zwiebeln

Was darf der Gast bei **„Himmel und Erde“** erwarten?

Bei „Himmel und Erde“ handelt es sich um **Kartoffelpüree und Apfelmus** gemischt.

Kartoffeln stehen für die Erde und Äpfel hoch am Baum stehen für den Himmel.

Welche **Planungsschritte** müssen bei der **Durchführung einer Aktionswoche** berücksichtigt werden?

Listen Sie die Schritte von der Festlegung des Themas bis zur Nachbereitung der Veranstaltung auf.

- Festlegung des Themas der Aktionswoche
- Speisenauswahl festlegen
- Externe und interne Werbung festlegen und durchführen
- Geräte- und Geschirrbedarf festlegen und überprüfen (ggf. Mietgerät oder Mietgeschirr organisieren)
- Ablaufpläne und Personaleinsätze erstellen
- Warenbeschaffung
- Kalkulation der Angebotspreise anhand der Beschaffungskosten errechnen
- Durchführung der Aktionswoche
- Nachbereitung der Veranstaltung (Kosten-Nutzen-Analyse, Wirtschaftlichkeit der Aktion)

Welche Arbeitsschritte zur Durchführung einer Aktionswoche fallen in den **Bereich der Küche**?

- Wareneinsatz planen
- Aufteilung der angebotenen Speisen auf die einzelnen Posten
- Personalplanung
- Geräteeinsatz, Equipment und Geschirr planen
- Warenbeschaffung (Mengen planen und Bestellungen tätigen)
- Kalkulation der Speisen
- Rezepte bereitstellen und ausgeben
- Auswertung der Gerichte

Warum sollten Sie nach Beendigung einer Aktionswoche eine **Auswertung** der Woche durchführen?

Die Auswertung einer Aktionswoche ist wichtig, um feststellen zu können, ob ein Aktionsangebot erfolgreich war oder nicht.

- Wie ist die Aktion bei den Gästen angekommen?
- Wo gab es Probleme bei der Durchführung?
- Wo sind Veränderungen im Angebot für die nächste Aktion nötig?
- Was kann generell verbessert werden?
- Kamen das Konzept und die ausgewählten Speisen bei den Gästen gut an oder nicht?
- War die Aktion für das Unternehmen wirtschaftlich erfolgreich und hat Gewinne gebracht oder hat es sich nicht gelohnt?

Welche **Möglichkeiten** stehen Ihnen zur Auswertung einer Aktionswoche zur Verfügung?

Eine Aktionswoche kann mit folgenden Mitteln ausgewertet werden:

- Meinungsumfrage bei den Gästen (intern und extern, analog oder digital)
- Auswertung der Kosten (wie ist die Aktion wirtschaftlich einzuordnen)
- Auswertung der Abverkaufszahlen der Gerichte im Vergleich zu den normalen Standardgerichten

Nennen Sie **3 betriebswirtschaftliche Kennzahlen**, mit denen eine Aktionswoche ausgewertet werden kann.

- Kennzahl zur Wirtschaftlichkeit
- Kennzahl zur Rentabilität
- Kennzahl zur Produktivität

Sie sollen eine Speisekartenanalyse durchführen, die einzelnen Gerichte auf der Speisekarte auswerten und sind mit einer **„Renner-Penner-Analyse“** beauftragt.

Erklären Sie was eine „Renner-Penner-Analyse“ ist und wofür man diese in regelmäßigen Abständen durchführen sollte.

Die „Renner-Penner-Analyse“ soll die Wirtschaftlichkeit der Gerichte aufzeigen. Sie zeigt auf, welche Gerichte sich wirtschaftlich lohnen und welche Gerichte eher unwirtschaftlich sind und ausgetauscht oder verbessert werden müssen.

Was ist unter den Begriffen „Renner", „Penner/ Schläfer", „Gewinner" und „Verlierer" in Bezug auf die Gerichte auf der Speisekarte zu verstehen?

Erklären Sie auch die wirtschaftlichen Eigenschaften der Begriffe.

- **Renner** sind Gerichte auf der Speisekarte, die bei den Gästen sehr beliebt sind, sich gut verkaufen und oft bestellt werden. Renner sind aus wirtschaftlicher Sicht eher uninteressant, da sie nur eine geringe Wirtschaftlichkeit besitzen und weniger Geld einbringen.
- **Gewinner** sind Gerichte, die sich gut verkaufen und eine hohe Wirtschaftlichkeit besitzen. Sie bringen dem Unternehmen mehr Geld ein.
- **Penner/Schläfer** sind Gerichte, die sich nicht so gut verkaufen und weniger beliebt sind bei den Gästen. Penner/Schläfer wären aber aus wirtschaftlicher Sicht besser als die Renner, da sie einen hohen Deckungsbeitrag besitzen. Sie würden mehr Geld einbringen.
- **Verlierer** sind Gerichte auf der Speisekarte, die sich nicht gut verkaufen, eher unbeliebt sind und aus wirtschaftlicher Sicht uninteressant sind. Sie haben einen hohen Kostenfaktor und bringen dem Unternehmen nur wenig Geld ein.

Mit welcher **Kalkulation** lässt sich beurteilen, ob ein Gericht auf der Speisekarte wirtschaftlich ist und selbst hergestellt werden sollte oder ob man den Einsatz von Convenienceprodukten in Betracht ziehen sollte?

Mit der **Prime Cost Kalkulation** (Selbstkosten-Kalkulation) lässt sich die Rentabilität eines Gerichtes oder Bestandteils eines Gerichtes darstellen. Sie zeigt auf, ob das Gericht wirtschaftlich mit Gewinn produziert werden kann.

Welche **3 Kennzahlen** benötigen Sie, um mit der Prime Cost Kalkulation die Kosten für ein Gericht zu berechnen?

Folgende Kennzahlen werden für die Prime Cost Kalkulation benötigt:

- Kosten des **Warenverbauchs** für den zu berechnenden Monat
- **Warenwert** der aktuellen Monats-Inventur
- **Personalkosten** für den zu berechnenden Monat.

Welche Kennzahlen benötigen Sie, um den **Warenverbauch** eines Monats zu berechnen?

Benötigt werden:

- der Wert der **letzten Monatsinventur**
- der **Wert des Wareneinkaufs** des aktuellen Monats
- der Wert der **aktuellen Monatsinventur**

Formel:
Warenverbauch =
Inventurwert letzter Monat + gesamter Wareneinkauf laufender Monat – Inventurwert aktueller Monat

Nennen Sie die 4 Schritte der **Zuschlags-kalkulation** zur Ermittlung des Inklusivpreises (Stufenschema).

Rechenschritte Zuschlagskalkulation		Schema
1.	Ermittlung der Selbstkosten	Materialkosten (Rohstoffkosten) + Gemeinkosten = **Selbstkosten**
2.	Ermittlung des kalkulierten Preises	+ Gewinn = **Kalkulierter Preis**
3.	Ermittlung des Nettoverkaufspreises	+ Umsatzbeteiligung für Service = **Nettoverkaufspreis**
4.	Ermittlung des Inklusivpreises	+ Umsatzsteuer = **Inklusivpreis**

Wie wird der Inklusivpreis nach dem **verkürzten Schema** berechnet?

Materialkosten (Rohstoffkosten)
+ Gesamtaufschlag

= Inklusivpreis

Für eine schnelle Preisberechnung gibt es in den meisten Betrieben einen **Kalkulationsfaktor**.

Wie wird dieser ermittelt?

Um den Kalkulationsfaktor festlegen zu können, müssen **einmalig alle Kosten des Betriebes ermittelt werden**, um damit eine normale Zuschlagskalkulation durchführen zu können.

Das heißt, es müssen die Gemeinkosten, der gewünschte Gewinn und die Umsatzbeteiligung ermittelt bzw. festgelegt werden.

Wenn Sie mit diesen Kennzahlen dann für ein Gericht eine normale Zuschlagskalkulation durchführen, können Sie anhand des ermittelten Inklusivpreises und der Materialkosten den Kalkulationsfaktor errechnen.

Formel:

$$\frac{\text{Inklusivpreis}}{\text{Materialkosten}} = \text{Kalkulationsfaktor}$$

Wie lautet die Formel für die Preiskalkulation eines Gerichtes mit dem **Kalkulationsfaktor**?

Materialkosten (Rohstoffkosten) x Kalkulationsfaktor
= Inklusivpreis

Um beim Einkauf von Waren Angebote besser vergleichen zu können, wird eine **Bezugskalkulation** eingesetzt.

Wie lautet das Schema dieser Kalkulation?

Schema Bezugskalkulation:

	Listenpreis (netto, ohne Umsatzsteuer)
–	Rabatt des Lieferanten
=	Zieleinkaufspreis
–	Skonto des Lieferanten
=	Bareinkaufspreis
+	Bezugskosten (Liefergebühren, Transportkosten u.ä)
=	**Bezugspreis (Einstandspreis)**

1. Nennen Sie 3 Möglichkeiten der externen Werbung.
2. Was ist das Ziel der externen Werbung?
3. Nennen Sie 2 Themen für Aktionsangebote.
4. Nennen Sie eine Auswertungsmöglichkeit für eine Aktionswoche.
5. Wofür ist eine Renner-Penner-Analyse?
6. Was sind Gewinner-Gerichte in einer Renner-Penner-Analyse?
7. Wofür ist eine Prime Cost Kalkulation?
8. Welche 3 Kennzahlen werden zur Prime Cost Kalkulation benötigt?
9. Mit welcher Formel wird der Kalkulationsfaktor berechnet?
10. Wie werden die Bezugskosten für eine Ware (ein Produkt) errechnet?

1. Posts in sozialen Medien, (Lokal-)Radiowerbung, Flyer, Plakate, Zeitungsinserate, Website, Fahrzeugwerbung, Präsenz auf Online-Bewertungsplattformen
2. Externe Werbung zielt darauf ab, neue Kunden bzw. neue Kundenkreise zu erschließen.
3. Saisonale Angebote, regionale Anlässe, Anlässe zu bestimmten Feiertagen, Länderwoche
4. Meinungsumfragen, Analyse der Kosten, Analyse der Abverkaufszahlen
5. Die Analyse soll die Wirtschaftlichkeit der Gerichte auf der Speisekarte aufzeigen.
6. Gewinner sind Gerichte, die sich gut verkaufen und eine hohe Wirtschaftlichkeit besitzen.
7. Mit dieser Kalkulation lässt sich die Rentabilität (Wirtschaftlichkeit) eines Gerichtes darstellen.
8. Kosten des Warenverbrauchs, Warenwert der aktuellen Monatsinventur, Personalkosten für den zu berechnenden Monat
9. Inklusivpreis geteilt durch Materialkosten = Kalkulationsfaktor
10. Listenpreis minus Rabatt des Händlers minus Skonto des Händlers plus Bezugskosten (Liefergebühren)